Sun Tsu

Wahrhaft siegt, wer nicht kämpft

Sun Tsu

Wahrhaft siegt, wer nicht kämpft

Die Kunst der richtigen Strategie

Der chinesische Klassiker,
bearbeitet von Thomas Cleary.
Deutsch von Ingrid Fischer-Schreiber

Verlag Hermann Bauer
Freiburg im Breisgau

CIP-Titelaufnahme der Deutschen Bibliothek

Sunzi:
Wahrhaft siegt, wer nicht kämpft : Die Kunst der
richtigen Strategie ; der chinesische Klassiker / Sun Tsu.
Bearb. von Thomas Cleary. Dt. von Ingrid Fischer-Schreiber. –
1.-5. Tsd. – Freiburg im Breisgau : Bauer, 1990
Einheitssacht.: Sunzi-bingfa ⟨dt.⟩
ISBN 3-7626-0384-7
NE: Cleary, Thomas [Bearb.]; Fischer-Schreiber, Ingrid [Übers.]

Die Abbildung auf dem Umschlag zeigt einen Ausschnitt aus
einer Zeremonialaxt, Typ Yue, Shang-Dynastie, 12.–11. Jahrh. v. Chr.,
aus dem Museum für Ostasiatische Kunst.
Das Foto stammt aus den Staatlichen Museen,
Preußischer Kulturbesitz, Berlin.

Die amerikanische Ausgabe erschien 1988 unter dem Titel
The Art of War
bei Shambhala Publications Inc., Boston/Mass., USA.

1990
ISBN 3-7626-0384-7

Schutzumschlag: Markus Nies-Lamott, Freiburg im Breisgau.
Lektorat: Dipl.-Psych. W. Michael Harlacher, Freiburg im Breisgau.
Satz: CSF ComputerSatz GmbH, Freiburg im Breisgau.
Druck und Bindung: May + Co., Darmstadt.
Printed in Germany.

Inhalt

Vorwort des Übersetzers

Sun Tsus *Die Kunst des Krieges (Sunzi bingfa/Sun tsu pingfa)**, wie die originalgetreue Übersetzung aus dem Chinesischen lautet, ist ein Werk, das vor mehr als zweitausend Jahren von einem geheimnisvollen chinesischen Krieger-Philosophen verfaßt wurde und vielleicht auch heute noch das weltweit meistgeschätzte und einflußreichste Buch über Strategie ist. Es wird heute in Asien von modernen Politikern und Managern genauso eifrig studiert wie während der letzten zwei Jahrtausende und davor von militärischen Führern und Strategen.

In Japan, einem Staat, der ohne Übergang, praktisch über Nacht, von einer feudalen Kultur in eine industrielle Kultur verwandelt wurde, haben zeitgenössische Studenten dieses Klassikers die in ihm entwickelten Strategien mit vergleichbarem Eifer auf die moderne Politik und das Geschäftsleben angewandt. Tatsächlich sehen ja manche in den Erfolgen des Japan der Nachkriegszeit eine Veranschaulichung des klassischen Ausspruches von Sun Tsu: »Der Vortrefflichste gewinnt, ohne zu kämpfen.«

Als Studie der Anatomie von Organisationen, die miteinander in Konflikt stehen, läßt sich *Die Kunst des Krieges* auf jede Art von Wettbewerb und Konflikt anwenden, und zwar auf jedem Niveau, vom zwischenmenschlichen bis hin zum internationalen. Das Ziel des Werkes ist Unbesiegbarkeit,

* Als Umschrift für chinesische Begriffe wird in diesem Buch die Pinyin-Transkription verwendet, die heute allgemein anerkannte Umschrift für das Chinesische. Um aber Unklarheiten zu vermeiden, wird für bereits bekannte Begriffe ihre im deutschen Sprachraum gängige Schreibweise beibehalten (zum Beispiel Tao, I Ging) beziehungsweise neben der Pinyin die früher verwendete Wade-Giles-Umschrift angeführt.

Sieg ohne Kampf und unbezwingbare Stärke, die durch das Verstehen der äußeren Bedingungen, der Politik und Psychologie des Konflikts erreicht werden sollen.

Diese Übersetzung von *Die Kunst des Krieges* stellt diesen Klassiker auf dem Hintergrund seiner Verwurzelung in der großen spirituellen Tradition des Taoismus dar, in dem nicht nur die Psychologie, sondern auch die Wissenschaft und Technologie Ostasiens ihren Ursprung haben. Er ist die Quelle, aus der die Einsichten in die menschliche Natur geschöpft werden, die diesem überaus geschätzten Handbuch für Erfolg zugrunde liegen.

Meiner Meinung nach kann die Bedeutung eines Verständnisses der taoistischen Elemente in *Die Kunst des Krieges* kaum überschätzt werden. Dieser Klassiker ist nicht nur durchdrungen von den Vorstellungen großer taoistischer Werke wie des *I Ging (Yi jing, Das Buch der Wandlungen)* und des *Tao Te King (Daodejing, Der Weg und seine Kraft)*, sondern er zeigt auch auf, daß die grundlegenden Ideen des Taoismus die eigentliche Wurzel aller Traditionen der chinesischen Kampfkünste bilden. Während *Die Kunst des Krieges* als Klassiker in seiner Darstellung der Prinzipien unübertroffen ist, so liegen die Schlüssel zu den tiefsten Schichten der Praxis seiner Strategie in der psychologischen Entwicklung, auf die sich der Taoismus spezialisiert hat.

Die zur Entfaltung gebrachte persönliche Macht, die traditionell mit der Anwendung taoistischer mentaler Techniken assoziiert wird, ist an sich Teil der kollektiven Macht, die ihrerseits mit der Anwendung massenpsychologischer Erkenntnisse, wie sie in *Die Kunst des Krieges* gelehrt werden, assoziiert wird. Was aber vielleicht das bezeichnendste taoistische Element in diesem Klassiker ist und was ihn für die heutige Zeit so geeignet macht, ist die Art und Weise, wie Macht stets durch eine starke humanistische Tendenz gemildert wird.

Während der chinesischen Geschichte war der Taoismus immer eine mäßigende Kraft in den sich ständig wandelnden Strömungen menschlichen Denkens und Handelns. Er lehrte, daß das Leben ein Komplex von Kräften ist, die einander gegenseitig beeinflussen, und hat dadurch sowohl den materiellen als auch den geistigen Fortschritt, sowohl die technologische Entwicklung als auch das Bewußtsein der potentiellen Gefahren, die eben jene Entwicklung mit sich bringt, begünstigt und war immer bestrebt, das Gleichgewicht zwischen den materiellen und spirituellen Seiten des Menschseins zu fördern. In ähnlicher Weise stand der Taoismus in der Politik sowohl auf Seiten der Herrscher als auch der Beherrschten; er hat Königreiche errichtet und Königreiche zu Fall gebracht, je nach den Erfordernissen der Zeit. Als Klassiker des taoistischen Denkens ist *Die Kunst des Krieges* nicht nur ein Buch über den Krieg, sondern auch ein Buch über den Frieden, und vor allem ein Werkzeug zum Verständnis der wahren Wurzeln von Konflikten und deren Bewältigung.

Einführung des Übersetzers

Taoismus und die Kunst der richtigen Strategie

Wie in einer alten Geschichte überliefert wird, fragte einmal ein Fürst des frühen China seinen Arzt, der aus einer Heilerfamilie stammte, welcher von ihnen in der Heilkunst am meisten bewandert wäre.

Der Arzt, dessen Ruf so gut war, daß sein Name gleichbedeutend mit der Heilkunst in China war, antwortete: »Mein ältester Bruder sieht den Geist der Krankheit und entfernt ihn, bevor er Gestalt annimmt, daher dringt sein Name nicht über das Haus hinaus.

Mein älterer Bruder heilt Krankheiten, wenn sie noch kaum in Erscheinung treten, daher dringt sein Name nicht über die Nachbarschaft hinaus.

Was mich betrifft, so punktiere ich Venen, verschreibe Arzneien und massiere die Haut, daher dringt mein Name manchmal bis in die Ferne und an die Ohren der Herrscher.«

Keine Erzählung aus dem alten China erfaßt besser als diese die Essenz von *Die Kunst des Krieges,* dem ersten und berühmtesten der Klassiker über die Wissenschaft der Konfliktstrategie. Ein Kritiker aus der Ming-Dynastie schreibt über die kleine Geschichte von dem Arzt: »Genau das ist es, was für Führer, Generäle und Minister beim Regieren ihrer Länder und Befehligen ihrer Armeen wesentlich ist.«

Zwischen den Heilkünsten und den Kampfkünsten mögen im alltäglichen Gebrauch Welten liegen, aber sie weisen gewisse Parallelen auf: in der Erkenntnis, daß es um so besser ist, je weniger es bedarf; in dem Sinne, daß beide Strategien für den Umgang mit Mißhelligkeiten erfordern; und in dem Sinne, daß in beiden das Wissen um das Problem der Schlüssel zur Lösung ist.

Wie in der Geschichte über die alten Heiler besteht auch in Sun Tsus Philosophie die höchste Wirksamkeit von Wissen und Strategie darin, einen Konflikt gänzlich unnötig zu machen. »Die Armeen der anderen ohne Kampf zu besiegen, darin liegt das höchste Geschick.« Und wie die Geschichte der Heiler erklärt auch Sun Tsu, daß es in der Kriegskunst verschiedene Stufen gibt: Der überragende Befehlshaber durchkreuzt die Pläne des Feindes; der zweitbeste macht die feindlichen Bündnisse zunichte; die nächste Stufe ist, die bewaffneten Streitkräfte anzugreifen; am schlechtesten ist es, die feindlichen Städte zu belagern.*

Der Geschichte entsprechend, nach der der älteste Bruder dank seines Scharfsinns unbekannt blieb und der mittlere Bruder dank seines Eifers nur einem begrenzten Kreis bekannt war, bestätigt auch Sun Tsu, daß in früheren Zeiten jene, die als geschickte Krieger bekannt waren, den Sieg errungen haben, solange er noch mit Leichtigkeit errungen werden konnte. So waren die Siege der geschickten Krieger nicht für List und Tücke bekannt und wurden auch nicht für besondere Tapferkeit belohnt.

Diese ideale Strategie, die es erlaubt zu siegen, ohne zu kämpfen, und das Maximum zu erreichen, indem man am wenigsten tut, trägt den charakteristischen Stempel des Taoismus, der alten Wissenstradition, aus der sowohl die Heilkunst als auch die Kampfkünste in China hervorgingen. *Das Tao Te King* oder *Der Weg und seine Kraft* wendet eben jene Strategie auf die Gesellschaft an, die Sun Tsu den Kriegern früherer Zeiten zuschreibt:

* Auch hier ähneln sich Sun Tsus Ratschläge der ärztlichen Weisheit: Durchkreuzt man die Pläne des Feindes, ist es, als würde man die Gesundheit erhalten, um die Widerstandsfähigkeit gegen Krankheiten zu stärken; macht man feindliche Bündnisse zunichte, so entspricht dies dem Vermeiden einer Ansteckung; greift man die bewaffneten Streitkräfte an, ist es, als würde man Arzneien einnehmen; die Belagerung feindlicher Städte entspricht einem chirurgischen Eingriff.

Plane etwas Schwieriges, solange es noch leicht ist; tu, was groß ist, solange es klein ist. Die schwierigsten Dinge in der Welt müssen getan werden, wenn sie noch leicht sind; die größten Dinge in der Welt müssen getan werden, während sie noch klein sind. Aus diesem Grund tun die Weisen nie, was groß ist, und dies ist es, warum sie jene Größe erlangen können.

Die Kunst des Krieges, ein Werk, das vor mehr als zweitausend Jahren während einer Zeit andauernden Bürgerkrieges verfaßt wurde, entsprang den gleichen sozialen Bedingungen wie einige der größten Klassiker des chinesischen Humanismus, wozu auch das *Tao Te King* zählt. Sun Tsu wählt darin einen vernunftbetonten anstatt eines emotionalen Zugangs zu dem Problem des Konflikts und zeigt so, wie man einen Konflikt nicht nur lösen, sondern gänzlich vermeiden kann, vorausgesetzt, man versteht das Wesen des Konflikts.

Die Vorrangstellung, die taoistisches Gedankengut in *Die Kunst des Krieges* einnimmt, wurde von Gelehrten seit Jahrhunderten immer wieder unterstrichen, und dieser Klassiker der Strategie ist sowohl in philosophischen als auch politischen Werken des taoistischen Kanons anerkannt. Die Ebene des Wissens, die die höheren Stufen der Strategie in diesem Werk darstellen, die Ebene der Unbesiegbarkeit und die des Nicht-Konflikts, ist ein Ausdruck dessen, was die taoistische Überlieferung »tiefes Wissen und starkes Handeln« nennt.

Das Buch des Gleichgewichts und der Harmonie (Zhonghe ji/Chong-he chi), ein mittelalterliches taoistisches Werk, sagt:

Tiefes Wissen um die Prinzipien weiß, ohne zu sehen; eine kraftvolle Praxis des Weges vollendet, ohne zu streben. Tiefes Wissen heißt, »zu wissen, ohne aus der Tür zu treten, und den Weg des Himmels zu sehen, ohne aus dem Fenster zu schauen.« Kraftvolles Handeln bedeutet, »immer stärker zu werden, indem du dich allen Situationen anpaßt.«

Gemäß der Kunst des Krieges ist der Meisterkrieger ebenfalls einer, der die Psychologie und die Mechanismen des Konflikts so genau kennt, daß er jeden Schritt des Gegners sofort durchschaut und fähig ist, in exakter Übereinstimmung mit der jeweiligen Situation zu handeln, indem er sich von ihren natürlichen Strukturen mit einem Minimum an Aufwand tragen läßt. *Das Buch des Gleichgewichts und der Harmonie* beschreibt dann das taoistische Wissen und Üben in Begriffen, die der Suche des Kriegers entlehnt sind:

> Tiefes Wissen heißt, der Störung vor der Störung gewahr zu sein, der Gefahr vor der Gefahr gewahr zu sein, der Zerstörung vor der Zerstörung gewahr zu sein, dem Unglück vor dem Unglück gewahr zu sein. Kraftvolles Handeln heißt, den Körper zu trainieren, ohne sich vom Körper belasten zu lassen; den Geist zu üben, ohne sich vom Geist benützen zu lassen; in der Welt zu arbeiten, ohne sich von der Welt berühren zu lassen; und Aufgaben auszuführen, ohne sich von den Aufgaben behindern zu lassen.
> Durch das tiefe Wissen um das Prinzip kannst du eine Störung in Ordnung verwandeln; du kannst Gefahr in Sicherheit verwandeln; du kannst Zerstörung in Überleben und Unglück in Glück verwandeln. Durch kraftvolles Handeln auf dem Weg kannst du den Körper in das Reich der Langlebigkeit führen; du kannst den Geist in die Sphäre des Geheimen führen; du kannst die Welt in den großen Frieden und Aufgaben zu großer Erfüllung führen.

Wie diese Zeilen andeuten, benützten die Krieger Asiens, die die taoistischen oder Zen-Künste zur Erlangung tiefer Ruhe einsetzten, diese nicht nur, um ihren Geist darauf vorzubereiten, sich des bevorstehenden Todes ständig gewahr zu bleiben, sondern auch, um jene Empfindsamkeit zu entwikkeln, die auf Situationen reagieren läßt, ohne zum Überlegen innehalten zu müssen. *Das Buch des Gleichgewichts und der Harmonie* sagt:

> Einsicht in einem Zustand der Stille, Vollendung ohne Streben, Wissen ohne Sehen – dies ist die Intuition und die Antwort des umgestaltenden Tao. Einsicht in einem Zustand der Stille kann alles erfassen, Vollendung ohne Streben kann alles vollenden, Wissen ohne Sehen kann alles wissen.

Wie in *Die Kunst des Krieges* wird die Spannweite des Gewahrseins und der Wirkkraft des taoistischen Adepten von anderen nicht wahrgenommen und bemerkt, denn er reagiert bereits, bevor die gewöhnliche Intelligenz auch nur eine Beschreibung der Situation erstellt hat. *Das Buch des Gleichgewichts und der Harmonie* sagt:

> Etwas zu fühlen und zu verstehen, nachdem man gehandelt hat, ist es nicht wert, Einsicht genannt zu werden. Etwas zu vollbringen, nachdem man danach gestrebt hat, ist es nicht wert, Vollendung genannt zu werden; etwas zu wissen, nachdem man gesehen hat, ist es nicht wert, Wissen genannt zu werden.
> In der Tat, fähig zu sein, etwas zu tun, bevor es existiert, etwas zu erahnen, bevor es aktiv wird, etwas zu sehen, bevor es hervortritt, dies sind drei Fähigkeiten, die sich in Abhängigkeit voneinander entwickeln. Dann wird nichts erahnt, sondern durch Einsicht verstanden, nichts wird unternommen, ohne daß eine Reaktion einträte, und nirgendwo geht man hin, ohne daraus Nutzen zu ziehen.

Eines der Ziele der taoistischen Literatur liegt darin, diese spezielle Intuition und Empfindsamkeit entwickeln zu helfen, die einen Situationen des Lebens meistern lassen. *Das Buch des Gleichgewichts und der Harmonie* erwähnt das »umgestaltende Tao« in bezug auf die analytischen und meditativen Lehren des *I Ging*. Dieses Werk ist der Klassiker, was die Entwicklung von Intuition und Empfindsamkeit betrifft. Wie das *I Ging* und andere klassische taoistische Literatur birgt auch *Die Kunst des Krieges* ein unermeßliches Reservoir an abstraktem Sinngehalt und ein unerschöpfliches metaphorisches Potential. Und wie andere klassische taoistische Literatur gibt es seine Feinheiten nur so weit preis, wie es die Denkungsart des Lesers und die Art und Weise, wie mit diesem Buch umgegangen wird, erlauben.

Die Verbindung von Kampfkünsten mit taoistischer Tradition geht auf den legendären Gelben Kaiser des dritten Jahrtausends vor Christus zurück, einer der bedeutendsten Kulturheroen Chinas und eine wichtige Gestalt in der taoistischen Überlieferung. Gemäß dem Mythos unterwarf der Gelbe Kaiser wilde Volksstämme, indem er sich magischer Kampfkünste bediente, die ihn ein taoistischer Unsterblicher gelehrt haben soll. Er gilt außerdem als der Verfasser des berühmten *Klassikers über die Zusammenführung des Yin (Yinfu jing/Yin fu ching),* eines taoistischen Werkes, das weit ins Altertum zurückgeht und traditionell sowohl vom Standpunkt der Kampfkunst als auch von spiritueller Warte aus interpretiert wird.

Mehr als ein Jahrtausend später verfaßten kriegerische Führer, die die Reste der antiken chinesischen Sklavenkultur hinwegfegten und humanistische Vorstellungen vom Regieren einführten, die klassischen Sprüche des *I Ging,* eines anderen taoistischen Textes, der in der Tradition sowohl als Grundlage für die kriegerischen als auch für die sanften Künste gilt. Die Grundprinzipien des *I Ging* nehmen eine Vorrangstellung in Sun Tsus Wissenschaft von der politischen Kriegführung ein. Darüber hinaus spielen sie auch eine wesentliche Rolle im individuellen Kampf und in den Verteidigungstechniken in den traditionellen Kampfeskünsten, die sich aus taoistischen Körperübungen entwickelt haben.

Der nächste große taoistische Text nach dem *Klassiker über die Zusammenführung des Yin* und dem *I Ging* war das *Tao Te King,* das, wie *Die Kunst des Krieges,* in der Zeit der Streitenden Reiche entstand, die China in der Mitte des ersten Jahrtausends vor Christus verwüsteten. Dieser bedeutende Klassiker vertritt jene vorherrschende Haltung gegenüber dem Krieg, die auch Sun Tsus Handbuch kennzeichnet: daß sich ein Krieg auch auf den Sieger zerstörerisch auswirkt und oft das Gegenteil des Erhofften bewirkt und nur dann, wenn keine andere Wahl bleibt, als gerechtfertigte Maßnahme angesehen werden darf:

> Jene, die dem Führer mittels des Tao beistehen, bedienen sich nicht der Waffen, um die Welt zu zwingen, denn diese Dinge haben die Tendenz, sich in ihr Gegenteil umzukehren – Brombeersträucher gedeihen dort, wo eine Armee durchgezogen ist, und schlechte Jahre folgen auf einen großen Krieg.
> Waffen sind unheilvolle Geräte und nicht das Werkzeug eines Erleuchteten. Wenn keine andere Wahl bleibt, als sie zu benützen, ist es am besten, ruhig und frei von aller Begierde zu sein und den Sieg nicht zu feiern. Jene, die den Sieg zelebrieren, sind blutdürstig, und für Blutdürstige gibt es keinen Platz in der Welt.

In ähnlicher Weise prangert auch *Die Kunst des Krieges* Zorn und Begierde als ursächlichen Grund für eine Niederlage an. Nach Sun Tsu ist es der nüchterne, zurückhaltende, ruhige, gleichmütige Krieger, der gewinnt, nicht der Hitzkopf, der Rache sucht, und auch nicht der ehrgeizige Glücksritter. Im *Tao Te King* heißt es:

> Jene, die das Rittertum beherrschen, sind nicht militaristisch gesinnt; jene, die erfolgreich Schlachten schlagen, werden nicht zornig; jene, die es verstehen, die Oberhand über den Gegner zu behalten, bleiben in ihrem Inneren unberührt.

Die Strategie, unberührt von emotionalen Einflüssen zu handeln, ist Teil der allgemeinen Strategie der Unergründlichkeit, die das vorliegende Werk in typisch taoistischem Stil herausstreicht. Sun Tsu sagt: »Jene, die sich auf die Verteidigung verstehen, verbergen sich in den höchsten Höhen des Himmels. Daher können sie sich selbst schützen und einen vollständigen Sieg erringen.«

Diese Betonung der Überlegenheit durch Unergründlichkeit durchdringt das taoistische Denken, sei es nun im politischen Bereich oder im Bereich der Geschäfte und des Handwerks. So heißt es: »Ein guter Kaufmann verbirgt seine Schätze und scheint nichts zu besitzen« und »Ein guter Handwerker hinterläßt keine Spur.« Diese Grundsätze machten sich die Zen-Buddhisten in der Darstellung ihrer Kunst zu eigen, und sie übernahmen auch den »unheimlichen« Ansatz in bezug auf den Weg des Kriegers, in wörtlichem und übertragenem Sinn. Die Anhänger des Zen-Buddhismus zählten auch zu den eifrigsten Studenten der taoistischen Klassiker und zu denjenigen, die die esoterischen Kampfkünste weiterentwickelten.

Schriften, die sich sowohl mit dem zivilen als auch mit dem militärischen Aspekt politischer Organisation befassen, finden sich im ganzen taoistischen Kanon. *Das Buch der Huainan-Meister (Huainanzi/Huai-nan-tsu),* einer der großen taoistischen Klassiker der frühen Han-Dynastie, die auf das dramatische Ende der Zeit der Streitenden Reiche folgte, enthält ein ganzes Kapitel über taoistische Militärwissenschaft und greift das zentrale Thema von *Die Kunst des Krieges* auf:

> In den Kriegskünsten ist es wichtig, daß die Strategie unergründlich ist, daß die Form verborgen bleibt und daß Bewegungen unerwartet kommen, damit es unmöglich ist, sich darauf vorzubereiten.
>
> Was einen guten General dazu befähigt, mit Sicherheit zu gewinnen, ist seine unergründliche Weisheit und sein Handeln, das keine Spuren hinterläßt.
>
> Nur das Formlose bleibt von allem unberührt. Die Weisen verbergen sich in ihrer Unergründlichkeit, so daß ihre Gefühle sich jeder Beobachtung entziehen; sie wirken im Formlosen, so daß nichts ihre Linien kreuzen kann.

In *Die Kunst des Krieges* schreibt Sun Tsu: »Sei unendlich fein und subtil, ja geh bis an die Grenze der Formlosigkeit. Sei unendlich rätselhaft, ja geh bis an die Grenze der Lautlosigkeit. So kannst du das Schicksal deiner Gegner bestimmen.«

Sowohl Sun Tsu als auch die Meister von Huainan, eine Gruppe taoistischer und konfuzianischer Weiser, die ein Lehensfürst um sich scharte, erkennen eine Ebene der Weisheit an, auf der ein Konflikt erst gar nicht entsteht und ein Sieg für das gewöhnliche Auge nicht sichtbar ist. Aber beide Bücher sind letzten Endes in Anbetracht dessen geschrieben, wie schwer und selten diese vollendete Läuterung zu verwirklichen ist. Wie die Kriegskunst eines Sun Tsu ist auch die Strategie der Meister von Huainan für die Bewältigung eines realen Konflikts gedacht. Dabei handelt es sich um ein Unterfangen, das unter strengsten Bedingungen und unter kompetenter Führung ausgeführt werden muß:

> Ein General muß alleine sehen und alleine wissen, das heißt, er muß sehen, was andere nicht sehen, und wissen, was andere nicht wissen. Sehen, was andere nicht sehen, nennt man Überlegenheit; wissen, was andere nicht wissen, nennt man Genialität. Überlegene Genies gewinnen zuerst, das heißt, sie verteidigen sich so, daß sie unangreifbar sind, und greifen so an, daß sie nichts aufhalten kann.

Die strengen Bedingungen, denen eine taoistische militärische Aktion unterliegt, entsprechen jenen Voraussetzungen, die für die spirituelle taoistische Praxis gelten. Metaphern, die Frieden und Krieg zum Thema haben, werden in den Handbüchern taoistischer Meditation und Übung häufig benützt. Eines der grundlegendsten Prinzipien in der taoistischen Praxis, das sich von den Lehren des *I Ging* ableitet, ist das Beherrschen von »Leere und Fülle«, was sowohl den physischen als auch den psychologischen Bereich umfaßt.

Die Meisterschaft von Leere und Fülle, der Sun Tsu ein ganzes Kapitel widmet, ist wesentlich für die körperliche Beherrschung der taoistischen Kampfkünste wie des Absoluten Boxens, sowie für den organisatorischen oder soziopolitischen Aspekt der Kunst des Regierens, sei es im zivilen oder militärischen Bereich. Die Meister von Huainan erklären mit folgenden Worten, wie die Meisterschaft von Fülle und Leere zu einem sicheren Sieg führen kann:

Dies ist eine Sache von Leere und Fülle. Gibt es Verstimmungen zwischen den Vorgesetzten und den Untergebenen, sind Generäle und Offiziere einander schlechtgesinnt und hat Unzufriedenheit in den Köpfen der Truppen Platz gegriffen, so nennt man dies Leere. Ist die zivile Führung intelligent und die militärische Führung gut; haben die Vorgesetzten und Untergebenen die gleiche Einstellung, und handeln Wille und Energie in Einklang miteinander, dann spricht man von Fülle.

Die Klugen können ihre Leute mit Energie erfüllen, um der Leere der anderen standzuhalten, während die Unfähigen ihre Leute angesichts der Fülle der anderen ihrer Energie berauben.

Wenn Wohlergehen und Gerechtigkeit sich auf das ganze Volk erstrecken; wenn öffentliche Einrichtungen in einem Maße vorhanden sind, das den nationalen Erfordernissen im Notfall genügen kann; wenn die Politik der Auswahl für den Eintritt in den Beamtenstand die Gelehrten befriedigt; wenn die Planung ausreichend ist, um Stärken und Schwächen erkennen zu lassen – dies ist die Grundlage für einen sicheren Sieg.

Daß militärische Stärke im Politischen gründet beziehungsweise die Stärke einer jeden Organisation im Sozialen liegt, ist eine Lehre, die ebenfalls im *I Ging* wurzelt. In *Die Kunst des Krieges* wird dieser Auffassung höchste Wichtigkeit beigemessen, und der erste Punkt im ersten Kapitel, das den Themenkreis Strategie behandelt, beinhaltet auch eine Prüfung des Tao der gegnerischen Gruppe – ihrer moralischen Struktur, der Stimmigkeit der sozialen Ordnung, der Popularität der Regierung und der allgemeinen geistig-seelischen Verfassung. Unter den richtigen Bedingungen kann, so Sun Tsu, eine kleine Gruppe einer großen überlegen sein; zu den Bedingungen, die dies ermöglichen, zählen Gerechtigkeit, Ordnung, innerer Zusammenhalt und Moral. Dies ist ein weiterer zentraler Punkt im chinesischen Denken, den auch die Meister von Huainan im Zusammenhang mit militärischer Strategie unterstreichen:

> Stärke ist nicht nur eine Angelegenheit von großer territorialer Ausdehnung und einer zahlreichen Bevölkerung; der Sieg hängt nicht nur von einer schlagkräftigen Bewaffnung ab; Sicherheit ist nicht nur eine Sache hoher Schutzwälle und tiefer Gräben; Autorität ist nicht nur eine Sache strenger Befehle und häufiger Bestrafungen. Jene, die eine lebensfähige Organisation aufbauen, werden überleben, selbst wenn sie klein sind, während jene, die eine todgeweihte Organisation errichten, zugrunde gehen werden, auch wenn sie groß sind.

Diesem Thema wird auch von einem anderen der bedeutendsten Militärstrategen des alten China, von Zhuge Liang aus dem dritten Jahrhundert nach Christus, große Bedeutung beigemessen. Er folgte den Lehren des Sun Tsu, und wegen seiner Genialität errang er legendäre Berühmtheit:

> Das Tao einer militärischen Operation liegt im Harmonisieren der Menschen. Herrscht Harmonie unter den Menschen, dann werden sie von selbst kämpfen, ohne daß es nötig wäre, sie dazu aufzufordern. Mißtrauen aber die Offiziere und Soldaten einander, werden die Krieger nicht als Soldaten kämpfen wollen; wird ein loyaler Ratschlag nicht gehört, werden kleinliche Geister heimlich reden und Kritik üben. Wenn Scheinheiligkeit blüht, wird es dir, auch wenn du über die Weisheit der alten Kriegsfürsten verfügst, nicht gelingen, einen Bauern zu besiegen, geschweige denn eine ganze Horde von Bauern. Daher heißt es in der Überlieferung: »Der Krieg ist wie ein Feuer; wird ihm nicht Einhalt geboten, brennt es so lange, bis es von selbst verlischt.«

Zhuges Ruhm als Genie der Praxis ist so groß, daß seine Schriften und Pläne sowie Abhandlungen über ihn tatsächlich in den taoistischen Kanon aufgenommen wurden. Wie das vorliegende Werk und die taoistischen Klassiker nähert sich auch Zhuges Philosophie der Kriegführung dem Positiven auf dem Umweg über das Negative, und zwar mit der taoistischen Haltung des »Nichthandelns«:

> In alten Zeiten bewaffneten jene, die gut regierten, ihr Volk nicht; jene, die gut bewaffnet waren, stellten keine Schlachtreihen auf; jene, die Schlachtreihen geschickt aufstellten, kämpften nicht; jene, die vortrefflich kämpften, verloren nicht; jene, die es verstanden zu verlieren, gingen nicht zugrunde.

Dies spiegelt die Vorstellung vom Kampf als letzte Möglichkeit, das Ideal des kampflosen Sieges wider, die Sun Tsu in diesem Buch, ausgehend von den Lehren des *Tao Te King*, weiterentwickelte. Zhuge Liang zitiert auch die klassische Mahnung dieses verehrten taoistischen Textes: »Waffen sind unheilvolle Geräte, die nur dann eingesetzt werden dürfen, wenn dies unvermeidbar ist«, aber er teilt auch das taoistische Geschichtsbewußtsein, daß das Zeitalter der ursprünglichen Menschlichkeit bereits vergangen ist; und wie Sun Tsu war er in dieser Zeit heftiger Bürgerkriege persönlich darin verstrickt. Zhuges Werk, wie es im taoistischen Kanon aufgenommen ist, enthält also sowohl rationale Überlegungen als auch praktische Anweisungen für politische und militärische Sicherheit, die sich eng an jene des älteren Sun Tsu anlehnen:

> Die Verwaltung militärischer Angelegenheiten ist gleichbedeutend mit der Verwaltung von Grenzangelegenheiten oder der Verwaltung der Angelegenheiten in entfernten Gegenden. Sie muß in solcher Art und Weise erfolgen, daß das Volk von den größten Unannehmlichkeiten befreit wird.
> Diese Verwaltung geschieht durch Autorität und militärische Tüchtigkeit, indem die Gewalttätigen und Aufständischen exekutiert werden, denn nur so kann das Land geschützt und die Sicherheit der Heimat gewahrt bleiben. Das ist der Grund, warum ein zivilisierter Staat auf militärischem Gebiet vorbereitet sein muß.
> Es ist aus diesem Grund, daß Tiere Klauen und Fänge haben. Sind sie freudig gestimmt, spielen sie miteinander, sind sie zornig, greifen sie einander an. Menschen haben

keine Klauen oder Fänge, daher schmieden sie Rüstungen und Waffen, mit deren Hilfe sie sich selbst verteidigen können.

Daher verfügen Staaten über Armeen, die sie unterstützen, daher haben Herrscher Minister, die ihnen zur Seite stehen. Ist der Gehilfe stark, dann ist die Nation sicher; ist der Gehilfe schwach, dann schwebt die Nation in Gefahr.

Hier folgt er unmittelbar der Auffassung von Sun Tsu und übernimmt auch dessen Meinung, wenn er die Bedeutung einer Führung betont, die ihre Basis im Volk hat. Gemäß Sun Tsus Programm zählen sowohl die zivile als auch die militärische Führung zu den Bedingungen, die genau untersucht werden müssen. Zhuge teilt die Auffassung von Sun Tsu und den Meistern von Huainan, wenn er die Stärke der Führung sowohl in persönlichen Fähigkeiten als auch in der Unterstützung durch das Volk begründet sieht. Im taoistischen Denken war Macht sowohl moralischer als auch materieller Natur, und man war überzeugt, daß sich moralische Macht als Selbstbeherrschung und auch als Einfluß über andere manifestierte. Um die Stärke einer nationalen Verteidigungskraft zu erklären, schreibt Zhuge:

Dies hängt wiederum von den Generälen ab, die mit der militärischen Führung betraut sind. Ein General, der nicht beliebt ist, ist dem Staat keine Hilfe; er ist kein Führer der Armee.

Ein General, der »nicht beliebt« ist, ist einer, der gemäß einer anderen Lesart der chinesischen Zeichen »das Volk verneint«. Sun Tsu betont, wie wichtig die Einheit der Willenskräfte aller Beteiligten als Quelle der Stärke ist, und seine Philosophie der Kriegführung, die mit geringstem Einsatz größtmögliche Wirkung erzielen will, ist eine natürliche Weiterentwicklung der zentralen Vorstellung vom gemeinsamen Interesse. Zhuge Liang geht ebenfalls von diesem Prinzip aus und zitiert wiederum das *Tao Te King* , um das Ideal des weisen Kriegers zu illustrieren, der um die Gesellschaft als Ganzes besorgt ist – »Waffen sind unheilvolle Geräte, die nur dann eingesetzt werden dürfen, wenn dies unvermeidbar ist.«

Zhuge lehnt sich auch eng an *Die Kunst des Krieges* an, wenn er unterstreicht, daß Handlungen, die nicht strategisch geplant sind oder für die keine Notwendigkeit besteht, vermieden werden müssen:

> Der Weg, Waffen zu gebrauchen, besteht darin, eine Unternehmung nur dann auszuführen, wenn du bereits deine Strategie festgelegt hast. Untersuche sorgfältig die Wetterbedingungen und die Beschaffenheit des Terrains und schau in die Herzen der Menschen. Übe den Gebrauch der militärischen Ausrüstung, kläre das System von Belohnung und Bestrafung, erkunde die Strategie des Gegners, halte Ausschau nach gefährlichen Abschnitten auf dem Weg, unterscheide sichere und gefahrvolle Stellen, finde heraus, welche Bedingungen auf beiden Seiten herrschen, sei dir bewußt, wann du weitergehen und wann du dich zurückziehen sollst, passe den zeitlichen Ablauf den Umständen an, triff defensive Maßnahmen, während du deine Angriffskraft verstärkst, befördere Soldaten entsprechend ihrem Können, stelle erfolgverheißende Pläne auf, wäge Leben und Tod ab – nur wenn du all dies getan hast, kannst du deine Truppen aussenden, die Generälen anvertraut sind, die mit der Macht ausziehen, Gegner gefangenzunehmen.

Schnelligkeit und Koordination sind gemäß Sun Tsus Kriegskunst wesentlich für eine erfolgreiche Schlacht und rühren nicht nur daher, daß die Truppen strategisch vorbereitet sind, sondern sind auch vom psychologischen Zusammenhalt bestimmt, der von der Führerschaft abhängt. Zhuge schreibt:

> Ein General ist ein Befehlshaber, ein für die Nation nützliches Instrument. Legt er zuerst eine Strategie fest, die er danach ausführt, so gleicht sein Kommando einem reißen-

den Wildbach; seine Eroberung gleicht einem Falken, der seine Beute reißt. Er bricht überall durch, wohin er sich auch wendet, und selbst ein mächtiger Gegner geht zugrunde. Mangelt es dem General hingegen an Weitsicht und fehlt den Soldaten der Ansporn, dann reicht die bloße Strategie, die nicht von einem geeinten Willen getragen ist, nicht aus, um den Feind in Angst und Schrecken zu versetzen, selbst wenn du über eine Million Truppen verfügst.

Zhuge, der Sun Tsus Klassiker als letztgültiges Handbuch für erfolgreiche strategische Planung erwähnt, schließt sein Essay über militärische Organisation damit ab, daß er noch einmal die wichtigsten Punkte von *Die Kunst des Krieges* zusammenfaßt, wie er sie in seine eigene Praxis aufgenommen hat. Dabei konzentriert er sich auf jene Aspekte des Trainings und der Geistesverfassung der Krieger, die auf der taoistischen Tradition fußen:

> Hege keine grausamen Gefühle gegenüber dem, der dir nicht feindlich gesinnt ist; kämpfe nicht mit jemandem, der sich dir nicht entgegenstellt. Die tatsächliche Kunstfertigkeit eines Ingenieurs können nur die Augen eines Experten wahrnehmen, und im vorhinein ausgearbeitete Pläne können in einer Schlacht nur durch die Strategie des Sun Tsu in die Tat umgesetzt werden.

In Anlehnung an Sun Tsu betont Zhuge die Überlegenheit von unerwartetem und schnellem Handeln, das sonst unbezwingbare Vorteile des Gegners in eigene Überlegenheit verwandeln kann:

> Die Planung sollte geheim erfolgen, die Attacke sollte schnell geschehen. Wenn eine Armee ihr Ziel wie ein Falke einnimmt, der seine Beute schlägt, und Schlachten einem Fluß gleichen, der einen Damm durchbrochen hat, werden sich die Gegner zerstreuen, bevor die Armee ermüdet. Dies bedeutet es, die Stoßkraft einer Armee auszunützen.

Wie vorher erwähnt ist Objektivität einer der wesentlichen Punkte, die Sun Tsu in seinem Werk hervorhebt. Sein Klassiker lehrt, Situationen in einer leidenschaftslosen Art und Weise einzuschätzen. Zhuge geht auch hier konform mit Sun Tsu und betont den Nutzen, den ein sorgfältig kalkuliertes Handeln bringt:

> Jene, die geübt sind im Kampf, werden nicht zornig; jene, die geübt sind im Gewinnen, werden nicht ängstlich. So gewinnen die Weisen, bevor sie kämpfen, während die Unwissenden kämpfen, um zu gewinnen.

Hier zitiert Zhuge *Die Kunst des Krieges* wörtlich, und fügt Sun Tsus Warnungen über die Folgen schlechter Planung, kostspieliger Unternehmungen und überflüssiger Mannschaften hinzu:

> Ein Land ist erschöpft, wenn es seinen Nachschub zu hohen Preisen kaufen muß, es verarmt, wenn es den Nachschub über große Entfernungen transportieren muß. Angriffe sollten nicht wiederholt werden, Schlachten sollten nicht aufeinanderfolgen. Benütze deine Stärke gemäß deiner Fähigkeiten, und sei dir bewußt, daß sie sich bei Überbeanspruchung abnützt. Entledige dich des Nutzlosen, und das Land kann in Frieden leben; entledige dich der Unfähigen, und das Land wird Nutzen daraus ziehen.

Schließlich führt Zhuge die Tradition des *Tao Te King*, von Sun Tsu und den Meistern von Huainan fort und läßt das Unergründliche den Sieg erringen:

> Ein vortrefflicher Angriff ist einer, gegen den sich die Feinde nicht zu verteidigen wissen; eine vortreffliche Verteidigung ist eine, die die Gegner nicht anzugreifen wissen. Daher verdanken jene, die geschickt in der Verteidigung sind, dies nicht befestigten Wällen.
> Aus diesem Grund gewährleisten hohe Mauern und tiefe Gräben keineswegs Sicherheit, während eine starke Rü-

stung und wirksame Waffen nicht Stärke garantieren. Wenn Gegner sich behaupten wollen, so greife sie an, wo sie unvorbereitet sind; wenn Gegner eine Schlachtfront aufbauen wollen, tauche dort auf, wo sie dich nicht erwar-

Die Vorstellung, selbst zu wissen, während der andere nicht weiß, die immer und immer wieder als Schlüssel zum Erfolg dargestellt wird, ist eine der stärksten Verbindungen zwischen der taoistischen Meditation und Sun Tsus Werk, denn das Geheimnis seiner Kunst der »Unsichtbarkeit« ist nichts anderes als die innere Distanz, das innere Losgelöstsein, das die Taoisten kultivieren, um eine unpersönliche Sicht der objektiven Wirklichkeit zu erlangen. Einige der philosophischen Lehren des frühen Taoismus werden in praxisorientierten Schulrichtungen als Regeln für Übungen zur persönlichen Entwicklung verwendet.

Versteht man die praktischen Aspekte der taoistischen philosophischen Lehren, so fällt es leichter, das Gefühl des Paradoxen zu durchdringen, das scheinbar widersprüchliche Haltungen entstehen lassen mögen. Daß Sun Tsu mit aller Ruhe die unbarmherzige Kunst des Krieges lehrt und gleichzeitig den Krieg verdammt, mag widersprüchlich erscheinen, wenn man diese Tatsache nicht im Zusammenhang eines ganzheitlichen Verständnisses der Natur des Menschen sieht, wie es der Taoismus entwickeln will.

Gleichzeitig sehr unterschiedliche Standpunkte einzunehmen, ist eine kraftvolle taoistische Technik, deren Verständnis das Widersprüchliche und Paradoxe aufzulösen vermag. Als Vorbild für den Gebrauch des Paradoxen in *Die Kunst des Krieges* kann das *Tao Te King* gelten, wo sowohl Erbarmungslosigkeit als auch Güte den Weg des Weisen ausmachen.

»Himmel und Erde sind nicht gütig, sie betrachten die zehntausend Wesen als streunende Hunde; die Weisen sind nicht gütig, sie betrachten die Menschen als streunende Hunde«, schrieb der Philosoph des *Tao Te King*. Ein entsetzter westlicher Sinologe, der in den fünfziger Jahren, kurz nach dem Waffenstillstand, in Korea arbeitete, schrieb, daß dieser Abschnitt »ein Monster losgelassen hätte«. Aber für einen Taoisten ist diese Aussage nicht unmenschlich, sondern stellt eine Übung in Objektivität dar, ähnlich den buddhistischen Übungen zur Erlangung einer nicht vom Ego bestimmten Haltung.

Auf unsere Zeit bezogen unterscheidet sich diese Aussage nicht von der eines Psychologen oder Soziologen, der bemerkt, daß Haltungen, Gedanken und Erwartungen ganzer Nationen nicht nur durch eine Fülle unabhängiger rationaler Entscheidungen bestimmt sind, sondern in hohem Maß von Umwelteinflüssen, die sich der Kontrolle des Individuums, ja sogar der Gemeinschaft entziehen.

Wie Sun Tsus Klassiker zeigt, liegt der Sinn einer solchen Beobachtung in der Kriegskunst nicht darin, eine abgestumpfte oder blutrünstige Haltung zu kultivieren, sondern darin, die Macht massenpsychologischer Phänomene zu verstehen. Zu begreifen, wie Menschen durch Gefühle manipuliert werden können, ist sowohl für den von Vorteil, der dies vermeiden will, als auch für den, der dies praktizieren will.

In diesem Licht gesehen ist *Die Kunst des Krieges* genausowenig ein Ruf zu den Waffen wie eine Studie über Konditionierung eine Aufforderung zur Sklaverei darstellt. Obwohl er die politischen, psychologischen und materiellen Faktoren, die bei einem Konflikt mitspielen, so gründlich untersucht hat, war es doch nicht Sun Tsus Ziel, den Krieg zu fördern, sondern ihn auf ein Mindestmaß zu reduzieren und zu verkürzen.

Eine unpersönliche Sicht der Menschheit, die nicht Herr ihres eigenen Schicksals ist, mag notwendig sein, um einen Krieger aus gefühlsbedingten Verstrickungen zu befreien, die einen irrationalen Zugang zu einem Konflikt begünstigen könnten. Nach taoistischer Auffassung der Dinge darf sie jedoch nicht als Rechtfertigung für ein zerstörerisches Verhalten betrachtet werden. Das Gegengewicht zu dieser Sicht findet sich ebenfalls im *Tao Te King* , das Sun Tsus Lehren vorwegnimmt:

> Ich habe drei Schätze, die ich bewahre und preise: der eine ist Güte, der zweite ist Schlichtheit, und der dritte ist der Verzicht auf Vorrang vor den Mitmenschen. Durch Güte kannst du tapfer sein, durch Schlichtheit kannst du wirksam werden, und indem du darauf verzichtest, vor den anderen zu kommen, kannst du wirksam überleben. Gibst du Güte und Mut auf, gibst du Schlichtheit und Weitherzigkeit auf, und gibst du Demut um der Aggressivität willen auf, so wirst du sterben. Die Übung der Güte in der Schlacht führt zum Sieg, die Übung der Güte in der Verteidigung führt zu Sicherheit.

Meister Sun vergleicht den Krieg mit einem »Feuer, das so lange brennt, bis es von selbst verlischt, wenn ihm niemand Einhalt gebietet«, und selbst wenn seine Strategie, Erfolg ohne Konflikt zu erlangen, nicht immer zu verwirklichen ist, so könnte doch seine Strategie der größten Wirksamkeit sinnlose Gewalt und Zerstörung in Grenzen halten. Taoistisch gesprochen wird ein Erfolg oft durch Nichthandeln errungen, und die Strategie in *Die Kunst des Krieges* besteht genauso sehr darin, zu wissen, was nicht zu tun ist und wann es nicht zu tun ist, wie auch darin, zu wissen, was zu tun ist und wann es zu tun ist.

Die Kunst des Nichthandelns schließt die Elemente des Zurückhaltenden, Unbegreiflichen und Unfaßbaren ein, die das Kernstück der esoterischen asiatischen Kampfkünste bilden. Sie gehört dem Zweig des Taoismus an, der als Wissenschaft von der Essenz bekannt ist. Die Kunst des Handelns, die die äußeren Techniken der sanften und der kriegerischen Künste umfaßt, zählt zu jenem anderen Zweig, der als Wissenschaft vom Leben bekannt ist. Die Wissenschaft von der Essenz hat mit dem Bewußtsein zu tun, während die Wissenschaft vom Leben sich mit dem Gebrauch der Energie beschäftigt. Wie ein klassischer taoistischer Text erschließt sich *Die Kunst des Krieges* erst dann vollkommen dem Verständnis, wenn zwischen diesen zwei Aspekten ein wirkliches Gleichgewicht herrscht.

In moderneren Zeiten ist die letztgültige taoistische Auffassung über dieses Thema in *Die Reise in den Westen (Xiyou ji/Hsi-yu chi)* verewigt, einem der Vier Außergewöhnlichen Bücher der Ming-Dynastie (1368–1644). Dieser bemerkenswerte Roman läßt sich von früheren taoistischen Quellen aus dem kriegsgeplagten, unter dem Druck mongolischer Invasionen leidenden China inspirieren. Er zeigt, was passiert, wenn man, um taoistische Begriffe zu verwenden, nur die Wissenschaft des Lebens, nicht aber die Wissenschaft der Essenz studiert, das heißt, wenn man nur die materielle Entwicklung ohne die entsprechende psychologische Entwicklung beachtet, oder, mit den Worten Sun Tsus ausgedrückt, nur Kraft hat, es aber an Intelligenz mangelt.

Die Hauptfigur dieses Romans ist ein mit magischen Fähigkeiten ausgestatteter Affe, der eine Affengesellschaft gründet und deren Anführer wird, indem er ein Territorium für die Affen errichtet. Anschließend besiegt der Affenkönig einen »Teufel, der die Welt verwirrt«, und stiehlt das Schwert dieses Teufels.

Als der Affenkönig mit dem Schwert des Teufels in sein eigenes Land zurückkehrt, verschreibt er sich der Praxis der Schwertkunst. Er lehrt sogar seine Affen-Untergebenen, Spielzeugwaffen und Insignien herzustellen, um Krieg zu spielen.

Unglücklicherweise ist der kampflustige Affenkönig, obwohl Herrscher über eine Nation, nicht Herrscher über sich selbst. In einem überaus logischen Umkehrschluß überlegt der Affenkönig, daß die Nachbarstaaten, sollten sie das Spiel der Affen bemerken, annehmen könnten, die Affen bereiteten sich auf einen Krieg vor. Wenn dem so wäre, könnten sie Vorsichtsmaßnahmen gegen die Affen treffen, die sich dann mit einem wirklichen Krieg konfrontiert sähen, aber nur mit Spielzeugwaffen ausgerüstet wären.

So beginnt der Affenkönig umsichtig das Wettrüsten und befiehlt das vorsorgliche Anhäufen echter Waffen.

Es mag verwirrend sein, eine Beschreibung der Politik des zwanzigsten Jahrhunderts zu lesen, die aus dem dreizehnten Jahrhundert stammt. Aber es ist auch nicht weniger bestürzend, ein Buch zu lesen, das so alt ist wie die Bibel und Taktiken beschreibt, die heutzutage nicht nur Guerillakämpfer, sondern auch einflußreiche Politiker und Geschäftsleute anwenden.

Die Geschichte des Affenkönigs, die die ernüchternde Haltung des *Tao Te King* und des Buches von Sun Tsu übernimmt, greift auch einer wesentlichen Entwicklung im modernen wissenschaftlichen Denken vor, die auf den Höhepunkt der Spaltung von Religion und Wissenschaft im Westen vor Jahrhunderten folgte.

Der Affenkönig in diesem Roman übt eine Macht aus, die nicht von Weisheit getragen wird. Er sprengt so die natürliche Ordnung und stellt solange alles auf den Kopf, bis er an die Grenzen der Dinge stößt und schließlich in der Falle sitzt. Da verliert er seinen impulsiven Enthusiasmus und wird schließlich freigelassen, um sich auf die Suche nach der Wissenschaft der Essenz zu begeben, aber unter der strikten Bedingung, daß sein Wissen und seine Macht der Kontrolle des Mitgefühls unterliegen müssen, dem Ausdruck von Weisheit und dem Bewußtsein der Einheit des Seins.

Der Niedergang des Affen tritt schließlich ein, als er den Buddha trifft, den die taoistischen himmlischen Unsterblichen anrufen, um das widerspenstige Tier zu bändigen. Die Unsterblichen hatten versucht, ihn im »Kessel der acht Trigramme« zu »kochen«, das heißt, ihm ein Training in spiritueller Alchimie angedeihen zu lassen, das auf die taoistische Interpretation des *I Ging* zurückgeht; aber der Affe war noch ungeläutert aus dem Kessel herausgesprungen.

Der Buddha bricht den Stolz des Affens, indem er ihm das unumstößliche Gesetz der universellen Relativität vor Augen hält, und läßt ihn im »Berg der Fünf Elemente« einsperren, in der Welt der Materie und Energie, wo er die Folgen seiner arroganten Possen erleiden muß.

Nach fünfhundert Jahren erscheint schließlich Guanyin (Kuan Yin), der transhistorische buddhistische Heilige, der in der Überlieferung als Personifizierung des allumfassenden Mitgefühls verehrt wird. Er zeigt sich vor dem Gefängnis des nun reuigen Affen und rezitiert folgenden eindrucksvollen Vers:

Zu schade, daß der magische Affe nicht der Allgemeinheit diente,
Als er einst seine Überschwenglichkeit wie toll zur Schau stellte.
Sein betrügerisches Herz richtete Zerstörung an in der Versammlung der Unsterblichen;
Mit unerhörter Frechheit ging er um seines Egos willen
In den Himmel der Glückseligkeit.
Von hunderttausend Truppen
Konnte sich keine ihm widersetzen;
In den höchsten Himmeln oben
War er eine drohende Erscheinung.
Aber da das Treffen mit unserem Buddha dem ein Ende setzte –
Wann wird er denn je wieder hervortreten und seine Künste zeigen?

Nun fleht der Affe den Heiligen um seine Freilassung an. Der Heilige stimmt unter der Bedingung zu, daß der Affe sich der Suche nach höherer Erleuchtung widmen müsse, und zwar nicht nur für sich selbst, sondern zum Wohle der ganzen Gesellschaft. Bevor er den Affen auf seinen Weg entläßt, legt ihm der Heilige einen Ring um den Kopf, der immer dann enger wird und dem Affen arge Schmerzen verursacht, wenn ein gewisser, um Mitgefühl flehender Zauberspruch ausgesprochen wird, sobald dieser wieder ein ungebührliches Benehmen an den Tag legt.

Die Kunst des Krieges war hundert Generationen hindurch als das klassische Werk über Strategie bekannt; aber vielleicht liegt seine größte List in jenem Ring des Mitgefühls, den Meister Sun um den Kopf eines jeden Kriegers legt, der dieses Buch zu benützen versucht. Und die Geschichte zeigt, daß der magische Zauberspruch, der den Ring enger werden läßt, immer dann erklingt, wenn der Krieger den Ring vergißt.

Sun Tsus Werk, das durchdrungen ist vom philososphischen und politischen Denken des *Tao Te King*, ähnelt diesem großen taoistischen Klassiker auch insofern, als es im wesentlichen ebenfalls aus einer Sammlung von Aphorismen besteht, die allgemein einem halblegendären, schattenhaften Autor zugeschrieben werden. Gewisse Taoisten verstehen das *Tao Te King* mehr als Überlieferung alten Wissens, das von seinem »Autor« zusammengestellt und bearbeitet wurde, und sehen darin weniger ein tatsächliches Original. Das gleiche mag sehr wohl auch für *Die Kunst des Krieges* gelten. Beide Klassiker sind nach einem allgemeinen Schema aufgebaut: Sie lassen verschiedene zentrale Themen in unterschiedlichem Zusammenhang im ganzen Text wiederkehren.

Das erste Kapitel von Sun Tsus Werk ist der Bedeutung strategischer Überlegungen gewidmet. Wie das klassische *I Ging* sagt, planen Führer vor Beginn ihrer Unternehmungen, sie berücksichtigen Probleme und beugen ihnen vor. Was eine militärische Operation betrifft, so führt Sun Tsu fünf Faktoren an, die beurteilt werden müssen, bevor gehandelt werden kann: der Weg, das Wetter, das Terrain, die Führung und die Disziplin.

In diesem Zusammenhang bezieht sich der Weg (das Tao) auf die zivile Führung beziehungweise auf das Verhältnis zwischen politischer Führung und dem Volk. Sowohl im taoistischen als auch im konfuzianischen Sprachgebrauch wird eine rechtmäßige Regierung als »vom Tao durchdrungen« beschrieben, und der Stratege Sun Tsu spricht vom Weg, »der das Volk dazu bewegt, das gleiche Ziel wie die Führung zu verfolgen.«

Die Beurteilung des Wetters, die Frage der Jahreszeit, in der eine Aktion durchgeführt werden soll, steht auch in Zusammenhang mit der Sorge um das Volk, womit sowohl die Zivilbevölkerung als auch das Militär gemeint ist. Der wesentliche Punkt liegt hier darin, eine Unterbrechung der produktiven Tätigkeiten des Volkes zu vermeiden, die von den Jahreszeiten abhängen, und extremen Wettersituationen auszuweichen, die die Truppen im Feld behindern oder ihnen Schaden zufügen könnten.

Das Terrain muß hinsichtlich der Entfernung, des Schwierigkeitsgrades beim Reisen, seiner Dimensionen und Sicherheit analysiert werden. Wichtig ist es, Kundschafter und einheimische Führer einzusetzen, denn, wie das *I Ging* sagt, »ein Wild ohne Führer zu jagen, führt einen in den Busch.«*

Die Kriterien, die *Die Kunst des Krieges* zur Beurteilung der militärischen Führerschaft anbietet, sind traditionelle Tugenden, auf die auch im Konfuzianismus und mittelalterlichen Taoismus besonderer Wert gelegt wird: Intelligenz, Glaubwürdigkeit, Menschlichkeit, Mut und Strenge. Gemäß dem Chan-Buddhisten Fushan ist »Menschlichkeit ohne Intelligenz, als hättest du ein Feld und würdest es nicht pflügen. Intelligenz ohne Mut ist, als hättest du Keimlinge, die du nicht vom Unkraut befreist. Mut ohne Menschlichkeit ist, als verstündest du zu ernten, aber nicht zu säen.« Die Tugenden Glaubwürdigkeit und Strenge sind jene, die der Führung die Loyalität und den Gehorsam der Truppen sichern.

Der fünfte Faktor, den es zu beurteilen gilt, ist die Disziplin und bezieht sich auf den organisatorischen Aufbau und die Tauglichkeit. Disziplin hängt sehr stark von der Glaubwürdigkeit und Strenge ab, die militärische Führer auszeichnen sollten, da die Disziplin die entsprechenden Mechanismen von Belohnung und Bestrafung ausnützt. Großer Nachdruck wird auf die Errichtung eines klaren Systems von Belohnungen und Bestrafungen gelegt, das die Soldaten als gerecht und unparteiisch akzeptieren müssen. Dies war einer der Hauptpunkte des Legalismus, einer philosophischen Strömung, die während der Zeit der Streitenden Reiche aufkam und die Wichtigkeit einer rationalen Organisation und der Herrschaft des Gesetzes im Gegensatz zu einer personalistischen, feudalen Regierung betonte.

Im Anschluß an die Analyse dieser fünf Beurteilungen unterstreicht Sun Tsu die zentrale Bedeutung der Täuschung

* Zitate übers. nach Thomas Cleary (Hrsg.): *The Taoist I Ging;* deutsche Ausgabe 1989 unter dem Titel *Das Tao des I Ging* bei O. W. Barth Verlag, Bern, München, Wien.

des Gegners: »Jede militärische Handlung beinhaltet Täuschung. Selbst wenn du fähig bist, erscheine unfähig. Selbst wenn du tätig bist, erscheine untätig.« Im *I Ging* heißt es: »Wer über großes Geschick verfügt, erscheint ungeschickt.« Das Element der Überraschung, das so wichtig ist für einen Sieg mit größtmöglicher Wirkung, hängt davon ab, ob man die anderen kennt, während man den anderen unbekannt bleibt, daher werden Geheimhaltung und Irreführung als wesentliche Künste eingestuft.

Allgemein gesprochen ist die Mann-zu-Mann-Schlacht der letzte Ausweg für einen geübten Krieger, der, wie Sun Tsu sagt, vorbereitet sein, aber dennoch die Konfrontation mit einem starken Gegner vermeiden sollte. Statt zu versuchen, den Gegner direkt zu überwältigen, empfiehlt Meister Sun, ihn zu zermürben, indem man flieht, Zwist unter den feindlichen Truppen sät, ihre Gefühle manipuliert und ihren Zorn und Stolz gegen sie ausspielt. Alles in allem führt die einleitende Feststellung im vorliegendem Werk die drei wesentlichen Facetten der Kriegskunst ein: die soziale, psychologische und physische.

Das zweite Kapitel – über die Kriegführung – unterstreicht die Konsequenzen eines Krieges, auch eines Krieges im Ausland, für die Heimat. Die Betonung liegt dabei auf Schnelligkeit und Wirkung, und es enthält eine unüberhörbare Warnung, den Krieg nicht in die Länge zu ziehen, vor allem, wenn er weit in der Ferne stattfindet. Große Bedeutung wird der Erhaltung von Energie wie materiellen Mitteln beigemessen. Um die Belastung der Wirtschaft und der Bevölkerung durch den Krieg so gering wie möglich zu halten, empfiehlt Sun Tsu, beim Feind Nahrung zu beschaffen und Gefangene einzusetzen, deren Vertrauen durch gute Behandlung gewonnen wurde.

Das dritte Kapitel »Über das Planen einer Belagerung« betont den bewahrenden Aspekt: Das allgemeine Ziel ist es, zu siegen und dabei auf sozialem wie materiellem Gebiet so viel wie möglich unversehrt zu belassen und nicht alles und jedes, das im Weg steht, zu vernichten. In diesem Sinn betont Meister Sun, es sei das beste, ohne Kampf zu siegen.

Verschiedene taktische Überlegungen folgen auf die Darlegung des generellen Prinzips des Bewahrens. Da es vor allem wünschenswert ist, kampflos zu siegen, sagt Sun Tsu, daß man den Feind möglichst schon am Beginn überwältigen sollte, indem man seine Pläne vereitelt. Gelingt dies nicht, so empfiehlt er, den Gegner zu isolieren und ihn in eine hilflose Lage zu versetzen. Hier mag es wiederum scheinen, daß der Zeitfaktor wesentlich sei, aber es wird festgehalten, daß Schnelligkeit nicht Hast bedeutet und eine gründliche Vorbereitung nötig ist. Und wenn der Sieg errungen ist, sollte er, betont Sun Tsu, auch vollständig sein, um die Kosten für eine Belagerung zu vermeiden.

Das Kapitel umreißt dann Handlungsstrategien, die auf das zahlenmäßige Verhältnis der Kräfte abgestimmt sind, wobei Sun Tsu wieder betont, daß es weise sei, nach Möglichkeit ungünstige Situationen zu vermeiden. Das *I Ging* sagt: »Angesichts unüberwindbarer Schwierigkeiten ist es unheilvoll, starrsinnig zu sein.« Zwar bedarf die Ausarbeitung einer Strategie einer herausragenden Intelligenz, aber es ist auch unumgänglich, sich der jeweiligen Kampfsituation anzupassen. Im *I Ging* heißt es dazu: »Gerätst du in eine Sackgasse, verändere; hast du verändert, kannst du weitergehen.«

Dann geht Meister Sun auf fünf Bedingungen ein, die den Sieg sichern. Sie stehen alle im Zusammenhang mit dem Grundgedanken, daß ein vortrefflicher Krieger nur dann kämpft, wenn er sich des Sieges sicher ist. Gemäß Sun siegen jene, die wissen, wann sie kämpfen müssen und wann nicht; jene, die wissen, wann sie viele und wann wenige Truppen einsetzen sollen; jene, deren Offiziere und Soldaten vom gleichen Geist getragen sind; jene, die dem Unvorbereiteten vorbereitet gegenübertreten; und jene, die über fähige Generäle verfügen, die nicht durch ein Eingreifen der Regierung behindert werden.

Dieser letzte Punkt ist sehr heikel, da er der militärischen Führung eine noch größere moralische und intellektuelle Verantwortung zuschreibt. Während ein Krieg nie vom Militär selbst, wie später erklärt wird, sondern auf Befehl der

Zivilregierung begonnen wird, sagt Sun Tsu, daß eine zivile Führung, die sich von ferne unwissend in das Feldkommando einmischt, »den Sieg wegnimmt, indem sie das Militär behindert.«

Wieder scheint der zentrale Punkt das Wissen zu sein; wenn Sun Tsu fordert, daß die militärische Führung im Feld keiner Einmischungen von seiten der Zivilregierung ausgesetzt sein sollte, geht er von der Vorstellung aus, daß der Schlüssel zum Sieg in der genauen Kenntnis der aktuellen Situation liegt. Bei der Beschreibung der fünf Bedingungen, die erkennen lassen, welche Seite die Oberhand gewinnen wird, stellt Meister Sun fest, daß derjenige nie in Gefahr ist, der sich selbst und den anderen kennt; daß die Chancen zu siegen fünfzig zu fünfzig für den stehen, der sich selbst, aber nicht den anderen kennt; und daß in jedem Kampf der in Gefahr ist, der weder sich selbst noch den anderen kennt.

Das vierte Kapitel behandelt die Frage der Formation, einer der wichtigsten Aspekte von Strategie und Kampf. In typisch taoistischer Manier erklärt hier Sun Tsu, daß die Schlüssel zum Sieg Anpassungsfähigkeit und Unergründlichkeit sind. Der Kommentator Du Mu erklärt dazu: »Die innere Verfassung des Formlosen ist unergründlich, während die Verfassung all jener, die eine spezifische Form angenommen haben, offensichtlich ist. Das Unergründliche siegt, das Offensichtliche unterliegt.«

Unergründlichkeit ist in diesem Zusammenhang nicht als rein passive Haltung zu verstehen; sie bedeutet nicht, sich zurückzuziehen und sich vor anderen zu verbergen; was viel wichtiger ist, ist das wahrzunehmen, was für andere unsichtbar bleibt, und Gelegenheiten zu nützen, die jene, die nur das Offensichtliche sehen, noch nicht erkannt haben. Sieht der überlegene Krieger Möglichkeiten, bevor sie für andere sichtbar werden, und handelt er umgehend, so kann er eine Situation in die Hand nehmen, bevor die Dinge außer Kontrolle geraten.

Diesen Gedankengang verfolgt Sun Tsu noch weiter und betont dabei nochmals, daß man nur dann einen sicheren Sieg erringen kann, wenn man weiß, wann man handeln muß und wann nicht. Mach dich selbst unbezwingbar, sagt er, und nimm es mit einem Gegner nur dann auf, wenn er verwundbar ist: »Deshalb bezieht ein geschickter Krieger eine Stellung auf einem Terrain, auf dem er unbsiegbar ist und übersieht die Bedingungen nicht, die einen Gegner der Niederlage preisgeben.« Sun gibt einen Überblick über diese Bedingungen und formuliert einige seiner Hauptthemen zur Analyse von Organisationen neu, wie Disziplin und ethisches Verhalten im Gegensatz zu Habgier und Korruption.

Das Thema des fünften Kapitels ist Kraft, das Zusammenspiel der Kräfte, die dynamische Struktur einer Gruppe in Aktion. Hier betont Meister Sun organisatorische Fähigkeiten, Koordination und den Einsatz konventioneller und Guerilla-Kampfmethoden. Er unterstreicht, wie bedeutend Veränderung, Überraschung und endlose taktische Variationen sind und wie psychologische Gegebenheiten auf seiten des Gegners ausgenützt werden können, um diesen in eine verwundbare Lage zu bringen.

Die Essenz der Lehre von Sun Tsu über Kraft ist die Einheit und der Zusammenhalt in einer Organisation, die das Zusammenspiel der Kräfte, die Schlagkraft ausnützt, statt sich auf die individuellen Qualitäten und Talente zu verlassen. »Der kluge Krieger sucht Wirksamkeit in der Schlacht im Zusammenspiel der Kräfte und nicht im einzelnen Menschen.«

Die Kunst des Krieges anerkennt, daß eine Gruppe die Macht besitzt, interne Ungleichheiten auszugleichen und als eine Kraft zu agieren, und unterscheidet sich dadurch vom idiosynkratischen Individualismus der Samurai-Schwertkämpfer des späten feudalen Japans, deren stilisierte Kampfkünste dem Westen so vertraut sind. Die Betonung dieses Aspekts ist einer der wesentlichen Faktoren, die Sun Tsus Text so nützlich für die industriellen Krieger des modernen Asien machen, für die seine Abhandlung eine Pflichtlektüre darstellt. Sie wird immer noch als der unübertroffene Klassiker über Konfliktstrategie angesehen.

Das sechste Kapitel greift das Thema »Leere und Fülle« auf, das bereits als grundlegendes taoistisches Konzept erwähnt wurde und allgemein auf die Kampfkünste angewendet wird. Dabei geht es darum, von Energie erfüllt zu sein und gleichzeitig den Gegner zu schwächen. Wie Meister Sun erklärt, kann man sich dadurch selbst unbezwingbar machen, und dies erlaubt einem wiederum, es nur dann mit einem Gegner aufzunehmen, wenn dieser verletzbar ist. Eine der einfachsten dieser Taktiken ist nicht nur im Zusammenhang des Krieges bekannt, sondern wird auch bei gesellschaftlichen und geschäftlichen Manövern eingesetzt: »Gute Krieger veranlassen die anderen, zu ihnen zu kommen, und gehen nicht auf die anderen zu.«

Eine andere Funktion der Unergründlichkeit, die von den taoistischen Kämpfern so hochgeschätzt wird, liegt darin, die eigene Energie zu bewahren, während man den anderen dazu bringt, seine Kräfte zu zersplittern: »Daher besteht die höchste Vollendung beim Aufstellen einer Armee darin, Formlosigkeit zu erlangen«, sagt Meister Sun, denn dagegen kann niemand eine Strategie entwickeln. Zugleich, so sagt er, veranlasse deinen Gegner, seine eigenen Formationen zu bilden und sich zu verteilen; teste deinen Gegner, um seine Wendigkeit und seine Reaktionen abschätzen zu können, bleibe aber selbst unerkannt.

In diesem Fall sind Formlosigkeit und Fließen nicht nur Mittel zur Verteidigung und Überraschung, sondern Mittel zur Wahrung des dynamischen Potentials, der Energie, die leicht vergeudet werden könnte, wollte man an einer bestimmten Position oder Formation festhalten. Meister Sun vergleicht erfolgreiche Streitkräfte mit dem Wasser, das keine konstante Form hat, aber, wie das *Tao Te King* bemerkt, trotz seiner scheinbaren Schwäche allem anderen überlegen ist: Sun erklärt, »Streitkräfte haben keine feststehende Formation, Wasser kennt keine beständige Form. Wer fähig ist zu siegen, indem er sich dem Gegner entsprechend wandelt und anpaßt, verdient es, ein Genie genannt zu werden.«

Das siebente Kapitel »Über den bewaffneten Kampf« behandelt die konkrete Organisation im Feld sowie Gefechtsmanöver und nimmt einige von Sun Tsus Hauptthemen wieder auf. Am Anfang bekräftigt er, wie wichtig Information und Vorbereitung sind, und sagt: »Handle nach eingehender Lagebeurteilung. Jener, der zuerst einzuschätzen vermag, welche Wege verschlungen und welche gerade sind, wird siegen – dies ist das Gesetz des bewaffneten Kampfes.« Das *I Ging* sagt: »Sei vorbereitet, und dir wird Glück beschieden sein.«

Sun Tsu führt seine charakteristische, sich aufs Wesentliche beschränkende Philosophie weiter aus und behauptet: »Beraube die gegnerische Armee ihrer Energie, beraube ihren General seiner Entschlossenheit.« Seine Lehren über Leere und Fülle klingen auch hier durch: »Meide die kraftvolle Energie, greife die Trägen und Zurückweichenden an.« Um das Prinzip von Leere und Fülle voll ausnützen zu können, lehrt Sun vier Arten der Meisterschaft, die einen überlegenen Krieger ausmachen: Meisterschaft der Energie, Meisterschaft des Herzens, Meisterschaft der Stärke und Meisterschaft der Anpassung.

Der Grundgedanke von Leere und Fülle spiegelt auch den ihm zugrundeliegenden fundamentalen Mechanismus des klassischen Yin/Yang-Prinzips wider, nämlich daß sich Yin und Yang jeweils in ihr Gegenteil umkehren, wenn sie ihren Höhepunkt erreicht haben. Meister Sun sagt: »Halte eine Armee, die sich auf dem Rückzug befindet, nicht auf. Laß einen Ausweg offen, wenn du eine Armee umzingelst. Treibe einen verzweifelten Feind nicht in die Enge.« Das *I Ging* sagt: »Der Herrscher setzt drei Jäger ein und läßt das Wild weiter vorne entkommen« und »Bist du zu ungestüm, ist Handeln unheilvoll, selbst wenn du im Recht bist.«

Das achte Kapitel ist der spontanen Anpassung und Beweglichkeit gewidmet, die, wie wir bereits gesehen haben, einen der Eckpfeiler der Kriegskunst darstellt. Meister Sun sagt: »Wenn ein General es nicht versteht, sich vorteilhaft anzupassen, mag er zwar die Beschaffenheit des Terrains kennen, aber er wird keinen Nutzen daraus ziehen können.« Das *I Ging* sagt: »Bestehe zu sehr auf dem, was eigentlich deine innere Tiefe überschreitet, und dein Festhalten an diesem Kurs wird dir Unglück und nicht Gewinn bringen.«

Anpassungsfähigkeit hängt davon ab, ob man vorbereitet

ist. Dies ist ein anderes immer wiederkehrendes Thema in diesem Buch. Meister Sun sagt: »Die Regeln für militärische Operationen lehren nicht, darauf zu zählen, daß der Feind nicht kommt, sondern darauf zu vertrauen, daß wir Mittel und Wege haben, mit ihm fertig zu werden; sie lehren nicht, darauf zu zählen, daß der Feind nicht angreift, sondern darauf zu vertrauen, daß wir etwas haben, was unangreifbar ist.« Das *I Ging* sagt: »Wenn du dir ohne solide Grundlage zuviel zumutest, wirst du letzten Endes erschöpft sein und verwirrt und unglücklich zurückbleiben.«

In der Kunst des Krieges bedeutet vorbereitet zu sein nicht, nur in materiellem Sinne gewappnet zu sein; ohne die angemessene geistige Verfassung reicht die bloße physische Kraft nicht, um den Sieg garantieren zu können. Meister Sun definiert hier indirekt die psychologischen Dimensionen eines siegreichen Anführers, indem er fünf Gefahren aufzählt: Ein General mag eine zu große Bereitschaft, zu sterben, oder einen zu großen Lebenshunger an den Tag legen; er mag sich zu leicht zu Zornesausbrüchen hinreißen lassen; er mag zu puritanisch oder zu sentimental sein. Jedes dieser Extreme, versichert Sun Tsu, schafft eine Verletztbarkeit, die ein schlauer Gegner leicht ausnützen kann. Das *I Ging* sagt: »Wenn du am Rande einer Situation wartest, bevor die angemessene Zeit zum Handeln gekommen ist, sei beständig und vermeide es, Impulsen nachzugeben – dann wirst du nicht fehlgehen.«

Das neunte Kapitel beschäftigt sich mit Armeen auf dem Marsch. Und wieder behandelt Meister Sun alle drei Aspekte der Kriegskunst, den physischen, sozialen und psychologischen. Er beginnt mit den äußeren Gegebenheiten und empfiehlt bestimmte Formen des Terrains, die die Chance, einen Sieg zu erringen, offensichtlich vergrößern: hochgelegene Orte, den Oberlauf eines Flusses, die sonnige Seite von Hügeln, Gegenden, die genügend Nachschub bereithalten. Anschließend beschreibt er dann verschiedene Möglichkeiten, die Bewegungen des Feindes zu interpretieren, wobei er sich auf alle drei Aspekte bezieht.

Obwohl Meister Sun nie in Abrede stellt, daß eine zahlenmäßige oder materielle Stärke auch Gewicht hat, liegt hier und auch an anderen Stellen die Vermutung sehr nahe, daß soziale und psychologische Faktoren jener Art von Macht überlegen sein können, die zahlenmäßig erfaßt werden kann: »In militärischen Angelegenheiten ist es nicht notwendigerweise von Vorteil, über die größere Anzahl zu verfügen: Was allein zählt, ist, aggressives Handeln zu vermeiden; es genügt, die eigene Kraft zu konzentrieren, den Gegner richtig einzuschätzen und Menschen zu gewinnen; das ist alles.« Im *I Ging* heißt es: »Wenn du über Mittel verfügst, aber nirgendwo hingelangst, dann suche geeignete Gefährten, und dir wird Glück beschieden sein.« Ähnliches Gewicht legt auch Sun Tsu auf die gezielte Anstrengung einer Gruppe: »Der Individualist, der über keine Strategie verfügt und glaubt, einem leichten Gegner gegenüberzustehen, wird unvermeidlich in Gefangenschaft geraten.«

Um Solidarität erreichen zu können, müssen zwischen der Führung und den Untergebenen gegenseitiges Verständnis und Übereinstimmung herrschen. Dies kann sowohl durch Erziehung als auch durch Training erreicht werden. Der konfuzianische Weise Menzius sagte: »Jene, die Menschen auf militärische Unternehmungen entsenden, ohne sie dazu zu erziehen, vernichten sie.« Meister Sun sagt: »Lenke sie durch sanfte Künste, einige sie durch kriegerische Künste; dies bedeutet den sicheren Sieg.« Im *I Ging* heißt es: »Es bringt Glück, wenn der Herrscher die Beherrschten nährt, indem er sie beobachtet und ihre Talente zur Entfaltung bringt.«

Das zehnte Kapitel befaßt sich mit der Frage des Terrains. Es spinnt die Vorstellungen über taktisches Manövrieren und Anpassungsfähigkeit weiter und beschreibt verschiedene Arten von Terrain und die angemessene Art und Weise, sich ihnen anzupassen. Es mag nicht ganz leicht sein, die Muster dieser verschiedenen Arten von Terrain auf andere Zusammenhänge zu übertragen, aber das Wesentliche ist die Beziehung des Individuums zu den Gegebenheiten seines materiellen, gesellschaftlichen und psychologischen Umfelds.

Meister Sun fährt mit Bemerkungen über verhängnisvolle Mängel in der Organisation fort, für die die Führung verantwortlich zeichnet. Hier liegt die Betonung wiederum auf der geistigen Verfassung der Einheit: »Betrachte deine Soldaten wie deine eigenen Nachkommen, und sie werden bereitwillig mit dir in den Tod gehen.« Im *I Ging* heißt es: »Die oben sichern ihr Heim durch die Güte gegenüber jenen unten.« Dennoch warnt Meister Sun davor, zu nachgiebig zu sein, denn dies würde darin enden, verwöhnte Kinder als Soldaten zu haben.

Intelligenz, als vorwegnehmendes Wissen verstanden, wird in diesem Kapitel ebenfalls stark betont und bedeutet nach dieser speziellen Definition, sich der Fähigkeiten der eigenen Streitkräfte, der Verwundbarkeit des Gegners und der Beschaffenheit des Terrains klar bewußt zu sein: »Wenn du dich selbst und den anderen kennst, dann ist der Sieg nicht in Gefahr; wenn du Himmel und Erde kennst, dann ist der Sieg vollkommen.«

Im elften Kapitel, das den Titel »Neun Arten von Gelände« trägt, folgt eine eingehendere Untersuchung der Frage des Terrains, und zwar vor allem in Hinblick auf die Beziehung einer Gruppe zum Terrain. Diese neun Arten von Terrain können wiederum so aufgefaßt werden, daß sie sich nicht nur auf ein konkretes Gelände beziehen, sondern auch auf ein »Gelände« im sozialen und abstrakteren Sinn.

Die neun Arten von Gelände, die Meister Sun in diesem Abschnitt aufzählt, heißen Gelände der Auflösung, leichtes Gelände, umkämpftes Gelände, verbindendes Gelände, sich überschneidendes Gelände, schweres Gelände, unwegsames Gelände, eingekreistes Gelände, sterbendes (oder tödliches) Gelände.

Ein Gelände der Auflösung ist ein Stadium des Vernichtungskriegs oder des Bürgerkriegs. Von leichtem Gelände spricht man, wenn die Truppen noch nicht weit in feindliches Gebiet vorgedrungen sind. Ein umkämpftes Gelände ist eine Stellung, die für beide am Konflikt beteiligten Seiten von Vorteil wäre. Verbindendes Gelände ist ein Gebiet, in dem man sich frei bewegen kann. Sich überschneidendes Gelände ist ein Gebiet, das wichtige Verkehrswege kontrolliert. Im Falle von schwerem Gelände ist man im Gegensatz zu leichtem Gelände bereits tief in das Territorium der anderen vorgedrungen. Als unwegsames Gelände wird ein schwer zugängliches oder nutzloses Gebiet bezeichnet. Ein eingekreistes Gelände hat nur wenige Zugangsmöglichkeiten und bietet sich für Überfälle aus dem Hinterhalt an. Ein sterbendes Gelände ist eine Situation, in der es nötig ist, sofort zu kämpfen, will man nicht vernichtet werden.

Bei seiner Beschreibung der Taktiken, die dem jeweiligen Terrain angemessen sind, flicht Meister Sun Betrachtungen über die sozialen und psychologischen Elemente des Konflikts ein, soweit diese untrennbar mit der Reaktion auf die Umgebung verknüpft sind: »Anpassung an verschiedene Geländearten, die Vorteile von Zusammenziehen und Ausdehnen, die Muster der menschlichen Gefühle und Bedingungen – all dies muß untersucht werden.«

Das zwölfte Kapitel von *Die Kunst des Krieges* – über den Angriff durch Feuer – beginnt mit einer kurzen Beschreibung der verschiedenen Arten von diesbezüglichen Angriffsmöglichkeiten sowie mit technischen Überlegungen und Strategien für das darauffolgende Verhalten.

Vielleicht weil Feuer in einem gewöhnlichen, materiellen Sinn die verwerflichste Form der Kriegsführung darstellt (Sprengstoff existierte zu Sun Tsus Zeiten zwar, wurde aber nicht militärisch eingesetzt), finden wir in diesem Kapitel das leidenschaftlichste Plädoyer für Menschlichkeit. Es spiegelt die taoistische Vorstellung wider, daß »Waffen unheilvolle Geräte sind, die nur als letzter Ausweg eingesetzt werden dürfen«. Meister Sun bricht seine kurze Abhandlung über den Angriff durch Feuer abrupt mit der Feststellung ab: »Eine Regierung sollte eine Armee nicht aus Zorn mobilisieren; militärische Führer sollten einen Krieg nicht aus Wut provozieren. Zorn kann sich in Freude kehren, Wut kann sich in Entzücken wandeln, aber eine zerstörte Nation kann nicht wiederhergestellt und die Toten können nicht wieder zum Leben erweckt werden.«

Das dreizehnte und letzte Kapitel beschäftigt sich mit

Spionage und schließt damit wieder an das Thema des ersten Kapitels, Strategie, an, für die das Nachrichtenwesen von größter Wichtigkeit ist. Meister Sun bekräftigt einmal mehr seine Auffassung, mit möglichst wenig Aufwand den größtmöglichen Nutzen zu erzielen, worauf die von ihm gelehrten Fähigkeiten abzielen, und hebt die Bedeutung der Geheimagenten besonders hervor: »Eine größere militärische Operation ist eine schwere Belastung für die Nation und mag sich im Kampf um den Sieg, der an einem einzigen Tag errungen wird, über Jahre hinziehen. Wenn man also die Bedingungen beim Gegner nicht kennt, weil man die Ausgaben für die Entlohnung der Spione scheut, ist dies der Gipfel der Unmenschlichkeit.«

Sun definiert im weiteren fünf Arten von Spionen oder Geheimagenten. Der ortsansässige Spion wird aus der Bevölkerung der Gegend rekrutiert, in der die Operationen geplant sind. Ein innerer Spion wird unter den Offizieren eines gegnerischen Regimes angeheuert. Ein Gegenspion ist ein Doppelagent, der unter den feindlichen Spionen rekrutiert wird. Ein toter Spion wird ausgesandt, um falsche Informationen zu verbreiten. Ein lebendiger Spion schließlich kommt und geht mit Informationen.

Sun Tsus Verständnis der Vielschichtigkeit der praktischen Spionagetätigkeit, die er vom Standpunkt der Führung aus sieht, birgt wieder ein sehr starkes soziales und psychologisches Element. So wie *Die Kunst des Krieges* mit der Frage der Führerschaft begonnen hat, so endet sein Werk mit der Beobachtung, daß der wirksame Einsatz von Spionen von der Führung abhängt. Meister Sun sagt: »Man kann Spione nicht ohne Scharfsinn und Weisheit einsetzen, man kann Spione nicht ohne Menschlichkeit und Gerechtigkeit führen, man kann die Wahrheit von Spionen nicht ohne Subtilität erfahren.« Und er schließt: »Nur ein erleuchteter Herrscher oder ein weiser General, die die Intelligentesten als Spione einsetzen, können sich eines großen Erfolgs sicher sein.«

Der historische Hintergrund

Die Kunst des Krieges wurde offenbar während der sogenannten Zeit der Streitenden Reiche des chinesischen Altertums verfaßt, die vom fünften bis zum dritten Jahrhundert v.Chr. dauerte. Es war dies eine Zeit des schleichenden Zerfalls der Zhou-Dynastie, die fünfhundert Jahre früher von den politischen Weisen, die das *I Ging* verfaßten, gegründet worden war. Der Zusammenbruch der alten Ordnung war gekennzeichnet durch eine Destabilisierung der Beziehungen der einzelnen Staaten untereinander und durch endlose Kriege unter all jenen, die in sich immer wieder neu formierenden Bündnissen und Oppositionen um die Vorherrschaft kämpften.

Ein Vorwort zu *Die Strategien der Streitenden Reiche (Zhanguo ce/Chan kuo ts'e),* eine klassische Sammlung von Geschichten über die politischen und militärischen Angelegenheiten der Feudalstaaten in dieser Zeit, gibt eine anschauliche Beschreibung der Zeit der Streitenden Reiche:

> Usurpatoren setzten sich selbst als Herren und Könige ein; Staaten, von Intriganten und Scharlatanen gelenkt, stellten Armeen auf, um sich selbst zur Supermacht zu machen. In immer größerem Maß ahmten sie einander in diesem Punkt nach, und ihre Nachkommen folgten diesem Beispiel. Am Ende überwältigten und vernichteten sie einander, indem sie sich heimtückisch mit größeren Staaten verbündeten und kleinere Gebiete annektierten. Sie verbrachten Jahre mit gewalttätigen militärischen Operationen, und die Schlachtfelder waren mit Blut getränkt. Vater und Söhne standen einander nicht nahe, Brüder konnten sich miteinander nicht sicher fühlen, Mann und Frau waren getrennt – keiner konnte für sein oder ihr Leben garantieren. Jede Tugend schwand. In den späteren Jahren nahm diese Entwicklung immer extremere Formen an, und es lagen sieben große und fünf kleine Staaten miteinander im Wettstreit um die Macht. Im wesentlichen ist dies darauf zurückzuführen, daß die Streitenden Reiche

schamloser Habgier verfallen und unersättlich in ihrem Kampf um die Vorherrschaft waren.

Der große humanistische Philosoph und Erzieher Konfuzius, der am Vorabend der Zeit der Streitenden Reiche lebte, verbrachte sein ganzes Leben damit, gegen den Verfall der Werte zu arbeiten, der das Abgleiten seiner Gesellschaft in den Jahrhunderten des Konflikts kennzeichnete. In den klassischen Gesprächen des Konfuzius wird der bevorstehende Beginn der Zeit der Streitenden Reiche in einer symbolischen Darstellung von Konfuzius' Begegnung mit einem Herrscher, dem er folgenden Rat zu geben versuchte, vorhergesagt: »Herr Ling aus dem Staate Wei befragte Konfuzius über die Schlachtaufstellungen. Konfuzius antwortete: ›Ich habe die Anordnung der Ritualgefäße erlernt, aber ich habe nie militärische Angelegenheiten studiert‹, und ging am nächsten Tag.«

Als ob diese Geschichte für das Verschwinden der Menschlichkeit (»Konfuzius ging am nächsten Tag«) aus den Gedanken und Überlegungen der Herrscher der kommenden kriegerischen Jahrhunderte stünde, wurde sie vom taoistischen Philosophen Dschuang Dsi (Zhuangzi) aufgegriffen, der im vierten und dritten Jahrhundert vor Christus lebte, mitten in der Zeit der Streitenden Reiche. Dschuang Dsi spinnt dieses Thema weiter und läßt Yan Hui, den erleuchtetsten Schüler des Konfuzius, zu seinem Lehrer gehen und ihn fragen, ob er in den Staate Wei gehen solle. Konfuzius antwortet: »Was willst du dort tun?“

Yan Hui antwortet: »Ich habe gehört, daß das Verhalten des Herrschers von Wei, obwohl er in der Blüte seiner Jahre steht, despotisch sei – er soll sein Land launenhaft ausbeuten, ohne seine eigenen Fehler zu erkennen. Er beutet sein Volk leichtfertig aus, ja er treibt es bis in den Tod. Unzählige Menschen sind in diesem Staat gestorben, und die Menschen wissen nicht, wohin sie sich wenden sollen. Ich habe dich sagen hören, ›Verlasse einen geordneten Staat, geh in einen Staat, der in Verwirrung ist – vor dem Tor des Arztes sind der Kranken ohne Zahl.‹ Ich möchte das, was ich gelernt habe, anwenden und erwägen, welche Orientierung es bietet, so daß das Reich von Wei geheilt werden kann.«

Konfuzius spricht: »Du bist entschlossen, zu gehen, aber du wirst dir nur Strafe zuziehen.«

Nur sehr wenige Menschen dieser Zeit schenkten den humanistischen Lehren eines Konfuzius und Menzius Gehör. Manche behaupteten, daß sie diesen Lehren keine Beachtung schenken wollten, da sie die von den frühen Konfuzianern vertretene Politik nicht in die Praxis umsetzen konnten; andere sagten, sie konnten die Politik nicht in die Tat umsetzen, weil sie den Lehren kein Gehör schenkten, ja weil sie in Wirklichkeit gar nicht menschlich und gerecht sein wollten.

Jene wiederum, die dem friedliebenden Humanismus eines Laotse (Laozi) und Dschuang Dsi (Zhuangzi) Gehör schenkten, blieben im allgemeinen im Verborgenen und näherten sich dem Problem von verschiedenen Blickwinkeln. Laotse und Dschuang Dsi zeigen, daß der aggressiv Gewalttätige unbarmherzig zu sein scheint, aber in Wirklichkeit ein Gefühlsmensch ist; dann erschlagen sie unbarmherzig den Gefühlsmenschen, bevor sie die spontane Natur der freien Menschlichkeit offenbaren.

Die alten taoistischen Meister zeigen, wie wahre Erbarmungslosigkeit, die Kälte vollkommener Objektivität, immer auch einen selbst in ihrer richtigen Einschätzung der wirklichen Situation einschließt. Der historische Buddha, ein Zeitgenosse des Konfuzius, der selbst einer Sippe von Kriegern entstammte, und dies in einer Zeit, als die Kriegerkaste ihre politische Vorherrschaft festigte, sagte, daß es keine Konflikte mehr gäbe, wenn wir uns unseres eigenen Todes bewußt wären.

Dies ist die Erbarmungslosigkeit des Laotse, wenn er sagt, daß das Universum unmenschlich sei und der Weise die Menschen wie streunende Hunde betrachte, die für rituelle Opfer gebraucht werden. Dschuang Dsi liefert auch eine Reihe von eindringlichen Beschreibungen dieser Erbarmungslosigkeit gegenüber sich selbst und begreift sie als Übung zum Erkennen der Relativität der Dinge, die zum Aufhören von inneren und äußeren Konflikten führen soll.

Diese »Unmenschlichkeit« wird von den Philosophen, die sie vertraten, nicht als Rechtfertigung für eine gleichsam erbarmungslose, besitzergreifende Aggression benützt, sondern als Meditation über die letzendliche Bedeutungslosigkeit von Begierde und Besitzstreben, die hinter jeder Aggression stehen.

In Indien pflegten buddhistische Novizen die Leichenverbrennungsplätze aufzusuchen, um die Leichen jener Verwesenden zu sehen, deren Familien sich eine Einäscherung nicht leisten konnten. Sie taten dies, um durch das Entsetzen, das sie dabei durchlebten, ihre eigene Begierde und ihr Besitzstreben auszulöschen. Danach wandten sie sich der Betrachtung idealer Menschen und idealer Gesellschaften zu.

In ähnlicher Weise zwingt Meister Sun seine Leser, über die Verwüstungen des Krieges nachzudenken, und zwar von seinen Anfangsphasen von Verrat und Entfremdung bis hin zu seinen extremen Formen der Feuerattacke und Belagerung, die als eine Art Massenkannibalismus an Menschen und Mitteln angesehen werden. Mit diesem Kunstgriff vermittelt er dem Leser ein verstärktes Gefühl für die Bedeutung individueller und sozialer Tugenden, wie sie von den humanistischen Pazifisten vertreten werden.

Von diesem Standpunkt aus ist es nur natürlich, das taoistische Denken in seinem Werk nicht als zufälliges kulturelles Element zu betrachten ist, sondern als Schlüssel zum Verstehen des Textes auf allen seinen Ebenen. Dank seines klaren, unverhüllten Themas konnte Sun Tsu die Aufmerksamkeit von Menschen erringen, die sich sonst wahrscheinlich nicht ernsthaft mit den friedfertigen Lehren der klassischen humanistischen Denker auseinandergesetzt hätten.

So wie das *I Ging* gewisse philosophische Vorstellungen dank seiner Popularität als Wahrsagebuch und Ratgeber durch allen möglichen politischen und sozialen Wandel hindurch bewahren konnte, bewahrte auch *Die Kunst des Krieges* einen Kern taoistischer praktischer Philosophie vor der Zerstörung durch ihr entgegengesetzte Auffassungen.

Das Paradoxon wird oft als der Standardkunstgriff in der taoistischen Psychologie angesehen, der die nicht wahrnehmbaren Barrieren des Bewußtseins überwinden helfen soll. Vielleicht liegt das Paradoxe von Sun Tsus Werk in seiner Ablehnung des Krieges. Und wenn es gegen den Krieg zu Felde zieht, so tut es dies nach seinen eigenen Prinzipien: es unterwandert die Linien des Feindes, deckt die Geheimnisse des Feindes auf und wandelt die Herzen der gegnerischen Truppen.

Die Kommentatoren

Die Kommentare, die in dieser Übersetzung eingefügt sind, wurden aus einer Standardsammlung, die die Auslegung von elf Gelehrten erhält, ausgewählt.

Cao Cao (155-200 n. Chr.)
ist eine der schillerndsten Persönlichkeiten der chinesischen Geschichte. Er war bekannt für seinen Scharfsinn und seine Schläue und es wurden ihm Auszeichnungen für seine sozialen Tugenden verliehen. Seine offizielle Karriere begann er bereits im Alter von zwanzig Jahren. Er hatte eine Anzahl wichtiger militärischer Posten inne und zeichnete sich besonders in einem Feldzug gegen Rebellen aus, als er ungefähr dreißig Jahre alt war.

Danach wurde ihm ein örtlicher Ministerposten übertragen. Bald wurde er wieder in die Region der Hauptstadt zurückberufen, wo er eine regionale Statthalterschaft übernehmen sollte. Cao Cao schützte Gesundheitsgründe vor, lehnte diesen Posten ab und kehrte wieder in seine Heimat zurück. Als jedoch einer der gewalttätigsten Generäle der Han-Dynastie den herrschenden Kaiser absetzte, um seinen eigenen Marionettenkaiser einzusetzen, gab Cao Cao seine Zurückhaltung auf und verwendete sein gesamtes Familienvermögen, um eine Privatarmee gegen diesen General aufzustellen.

Als er danach vom Kaiser zum hohen Beamten befördert wurde, besiegte er Möchtegern-Usurpatoren und wurde zum General höchsten Ranges ernannt. Er wurde schließlich in den Adelsstand erhoben und sogar aufgefordert, selbst den Thron der zusammenbrechenden Han-Dynastie zu übernehmen, aber Cao Cao weigerte sich, und verglich sich selbst mit König Wen der alten Zhou-Dynastie, einem der Verfasser des *I Ging*. König Wen war ein ziviler und militärischer Führer, der sich dank seiner persönlichen Qualitäten, durch seine Sozialpolitik und seine politische Errungenschaften eine loyale Gefolgschaft gewann, die die Basis der entstehenden Zhou-Dynastie bildete. Er selbst setzte sich aber nie als höchsten Führer ein.

Cao Cao war für seinen Heldenmut, sein Talent und sein strategisches Denken berühmt und hielt sich im wesentlichen an die Lehren von Sun Tsu. Er stand in der Tradition des alten Rittertums, wonach chinesische Ritter sowohl in den zivilen als auch den kriegerischen Künsten bewandert sein mußten, und war, über seine militärischen Leistungen hinaus, bekannt als Liebhaber der Literatur. Angeblich hatte er es sich zur Gewohnheit gemacht, jeden Tag zu lesen, selbst während militärischer Unternehmungen.

Meng Shi (Liang-Dynastie, 502-556)
oder »Herr Meng«, ist anscheinend nur für seinen Kommentar zu *Die Kunst des Krieges* bekannt. Die Zeit, in der er lebte, war gekennzeichnet von Bürgerkrieg und Massenelend.

Jia Lin (Tang-Dynastie, 618-906)
scheint nur für seinen Kommentar zu Sun Tsus Werk bekannt zu sein. Während der Tang-Dynastie vergrößerte China sein Reich, indem es seinen kulturellen und politischen Einfluß auf andere Völker ausdehnte. Einige benützten später die Erfahrungen, die sie unter chinesischer Herrschaft gemacht hatten, um selbst große Teile Chinas zu besetzen. Das China der Tang-Dynastie half auch mit, nationale Regierungen in Japan, Tibet und Yunnan einzusetzen.

Li Quan (Tang-Dynastie, 618-906)
war ein Anhänger des Taoismus und der Kampfkünste. Er lebte auf dem Berg der Fünf Wohnstätten, wo Bodhidharma,

der halblegendäre Begründer des Chan-Buddhismus, seine letzten Jahre in China verbrachte. Die taoistische Tradition schreibt diesem selben Bodhidharma die Erfindung der Shaolin-Faustkampftechnik zu, einer populären Schule der Kampfkünste. Li Quan widmete sich dem Studium des *Klassiker über die Zusammenführung des Yin* , eines taoistischen Textes, der aus dem Altertum stammen soll und in der taoistischen Tradition sowohl vom Standpunkt der sanften als auch der kriegerischen Künste interpretiert wird. Li hat diesen knappen Text angeblich tausende Male gelesen, ohne seine Bedeutung zu erfassen. Später ging er zum Berg des Schwarzen Pferdes, wo sich die berühmte Grabesstätte des ersten Kaisers von China befindet. Dort begegnete Li einer alten Frau, die ihm ein Amulett schenkte und ihm den Klassiker erklärte. Diese Frau wird mit der Alten Frau vom Berg des Schwarzen Pferdes gleichgesetzt, einer Gestalt des chinesischen Volksglaubens, die ein Herrscher früherer Zeiten gewesen sein soll und in der Tang-Dynastie als taoistische Unsterbliche verehrt wurde. Was immer die wahre Identität seines Mentors gewesen sein mag, Li Quan ist berühmt für sein Wissen über Militärstrategie und schrieb aus diesem Blickwinkel einen Kommentar über den *Klassiker über die Zusammenführung des Yin.* Darauf zog er sich in die Berge zurück, um sich ins Studium des Taoismus zu vertiefen.

Du You (735-812)
diente als Militärberater, war Ratsherr und Militärinspektor in verschiedenen Regionen. In seinem späteren Leben bekleidete er auch hohe Posten in der Zentralregierung, gab aber schließlich seine Beamtenlaufbahn auf.

Du Mu (803-852)
war der Enkel des oben erwähnten Du You. Er war bekannt als »Ritter von unbeugsamer Aufrichtigkeit und außerordentlicher Ehre«, erlangte einen hohen akademischen Grad und diente in verschiedenen Positionen am Kaiserhof. Sein Glück verließ ihn in den späteren Jahren, und er starb im Alter von fünfzig Jahren. Auf dem Sterbebett verfaßte er seine

eigene Grabinschrift und verbrannte alle seine Werke. Er war als hervorragender Poet berühmt.

Zhang Yu (Song-Dynastie, 960-1278)
ist nur für seinen Kommentar zu *Die Kunst des Krieges* und eine Sammlung von Biographien von Militärführern bekannt. Die Song-Dynastie war eine Zeit, in der der Druck aus dem Norden Asiens mehr oder weniger beständig stärker wurde und im Verlust des alten Kernlandes und schließlich des gesamten kontinentalen chinesischen Imperiums an die mongolischen Eroberer gipfelte.

Mei Yaochen (1002-1060)
diente sowohl in örtlichen als auch zentralen Regierungen der neuen Song-Dynastie, die auf einige Generationen der Uneinigkeit nach dem Zusammenbruch der Tang-Dynastie folgte. Er wurde zu einem der Bearbeiter und Herausgeber der Dokumente der Tang-Dynastie gewählt. Mei stand in literarischem Briefwechsel mit dem berühmten Dichter Ouyang Xiu und war selbst ein herausragender Poet.

Wang Xi (Song-Dynastie, frühes elftes Jahrhundert)
war ein Gelehrter der Hanlin oder Kaiserlichen Akademie. Er verfaßte zwei Bücher über die *Frühlings- und Herbstannalen (Chunqiu/Ch'un-ch'iu)* , einen der konfuzianischen Klassiker, der die alte Geschichte erklären will. Während die Song-Dynastie mit endlosen politischen, wirtschaftlichen und militärischen Problemen zu ringen hatte, herrschte ein reges kulturelles Leben, das den Anstoß zu neuen, wichtigen Entwicklungen im Konfuzianismus, Taoismus und Zen-Buddhismus gab. Diese neuen Formen praktischer Philosophie übten einen starken Einfluß nicht nur auf das chinesische Volk selbst aus, sondern auch auf die nichtchinesischen Völker, die die politische Kontrolle in China übernommen hatten, ganz zu schweigen von den Koreanern, Vietnamesen und Japanern, die das kontinentale Mutterland beobachteten und mit diesen Formen der chinesichen Hochkultur experimentierten.

Chen Hao (Song-Dynastie, frühes zwölftes Jahrhundert) war für seine außerordentliche persönliche Unabhängigkeit und seine hohen Ziele berühmt. Bereits mit zwanzig wurde er Staatsbeamter. Als die Dschurdschen aus Nordasien in der Mitte der zwanziger Jahre des zwölften Jahrhunderts in China einfielen, stellte Chen eine patriotisch gesinnte Armee auf, um das Heimatland zu verteidigen. Später hob er ein Heer aus, um einen versuchten Staatsstreich eines Usurpators niederzuschlagen.

He Yanxi (Song-Dynastie)
Von He Yanxi scheint man nichts zu wissen, außer daß er während der Song-Dynastie lebte und den vorliegenden Kommentar zu *Die Kunst des Krieges* geschrieben hat.

Die Übersetzung

Die Sprache der chinesischen Klassiker unterscheidet sich von der der frühesten Kommentatoren; sie ist ganz anders als die der Schriftsteller aus der Tang- oder Song-Dynastie und völlig anders geartet als das moderne Chinesisch. Alle chinesischen Klassiker, über die es unzählige Studien gibt, enthalten Worte und Passagen, die selbst von den chinesischen Kommentatoren unterschiedlich interpretiert werden. Diese Unterschiede im Verständnis sind manchmal grundlegender Natur. Daher ist es nur natürlich, daß Übersetzungen alter chinesischer Texte in moderne westliche Sprachen, die so ganz anders sind als das Chinesische, eine große Bandbreite von unterschiedlichen Auslegungen aufweisen.

Dies wird um so verständlicher, wenn man sich vor Augen hält, wie prägnant die chinesische Sprache ist und wie häufig bildhafte Ausdrücke und Anspielungen auf andere Werke in der chinesischen Literatur vorkommen. Dem Übersetzer steht eine reiche Auswahl an Techniken zur Verfügung, um die Inhalte der klassischen chinesischen Schriften dem Leser in einer anderen Sprache zu vermitteln. In zwanzig Jahren Übersetzertätigkeit habe ich nie einen östlichen Klassiker gelesen oder übersetzt, der nicht inhaltlich so reich gewesen wäre, daß ich nicht zumindest drei verschiedene mögliche Übersetzungsvarianten hätte erstellen können.

Hier stehen wiederum verschiedene Möglichkeiten offen, sich diesem Phänomen zu nähern. So wie in meinen anderen Übersetzungen östlicher Klassiker hatte auch meine Arbeit an diesem Buch das technische Ziel, das Fleisch durchscheinend zu machen und die Knochen hervortreten zu lassen, das heißt, eine abstrakte Form wiederzugeben, die dann jeder Leser mit den Inhalten seiner persönlichen Lebenssituation füllen kann. Daher habe ich auf einige Verweise auf spezifisch chinesische Inhalte verzichtet, wie zum Beispiel auf alte Waffen, und zwar nicht, weil sie uninteressant wären, sondern weil sie für die Frage der Umsetzung von Beziehungsstrukturen, wie sie dieser Klassiker aufzeigt, in unsere heutige Zeit nebensächlich sind.

Die Übersetzung von Ideen berührt aber dennoch Fragen großer kultureller Unterschiede und der Wahrnehmung dieser Unterschiede. Soweit es für einen politisch heiklen Text wie *Die Kunst des Krieges* von Bedeutung ist, ist die Macht der Autorität für den westlichen Leser das wesentliche Kennzeichen der traditionellen chinesischen Gesellschaftsphilosophie und ihrer praktischen Umsetzung; und es gibt viele empirische Beweise, die diese Sicht der konfuzianischen Gesellschaft stützen. Es stimmt zwar, daß persönliche Loyalität, die als Zement in einer autoritären Struktur dient, im sozialen Denken Chinas einen höheren Stellenwert einzunehmen scheint als im Westen, aber es gibt auch eine breitere Auffassung von Loyalität gegenüber abstrakten Vorstellungen oder Idealen, die auch im konfuzianischen Denken auftaucht.

Im konfuzianischen Idealismus nimmt ein Mensch an einer Organisation oder Sache nicht teil, wenn er diese nicht für vernünftig und gerecht erachtet. Sobald er aber tief von ihrer Richtigkeit überzeugt ist, sollte er zu seinem Handeln stehen, auch wenn es ihm Schwierigkeiten bereitet oder ihn in Gefahr bringt. Konfuzius sagte, daß es eine Schande sei, in einem ungerechten Staat reich und geehrt zu sein, und er selbst setzte sein Leben für seine Unabhängigkeit aufs Spiel. Nach Auffassung der Klassiker bedeutet Loyalität nicht blinden Gehorsam gegenüber einem Individuum oder Staat, sondern beinhaltet sehr wohl die Pflicht zu Protest aus Gewissensgründen. Loyalität gegenüber Idealen, die über alles geht, mag in der Praxis selten sein, aber sie war immer Teil der chinesischen Weltsicht.

In Sun Tsus Wissenschaft der Organisation ist Loyalität nicht so sehr ein moralischer Standard an sich, sondern das Ergebnis sozialer Beziehungen innerhalb der Organisation, die ihrerseits auf anderen, beruflichen oder ethischen, Normen beruht. Die Qualität der Beziehung zwischen den Führern und den Truppen ist es, was nach Meister Sun die Loyalität festigt, und dies wird verstärkt durch das für alle gleichermaßen geltende Festhalten an vorgegebenen Verhaltensrichtlinien.

Es gibt natürlich verschiedene Wege, Ideale im wirklichen Leben zu interpretieren, und die allgemeinen Konzepte von Loyalität schreiben nicht unbedingt eine unzweideutige Handlungsweise vor, denn es gilt, verschiedene Bezugsebenen zu berücksichtigen. Eine der Geschichten, die in einem Kommentar zu *Die Kunst des Krieges* beschrieben ist, betrifft die gesamte Frage der Loyalität und beleuchtet sie von verschiedenen Gesichtspunkten. Sie illustriert das Zusammenspiel dieser verschiedenen Auffassungen davon, was einen angemessenen Kontext für Loyalität darstellt.

Während eines Krieges wurde das gesamte Kontingent eines Brigadegenerals in einer Schlacht vernichtet; er selbst kämpfte bis zum Ende und kehrte ins Hauptquartier zur Berichterstattung zurück. Da es einige Schwierigkeiten mit Disziplin und Moral gegeben hatte, ging nun das Gerücht, man wolle an diesem General, da er nicht mit seinen Soldaten gestorben war, ein Exempel statuieren, ihn der Fahnenflucht anklagen und ihn hinrichten.

Schließlich hielt man dagegen, daß er ja tatsächlich bis zum letzten Mann gekämpft hatte und dann kein Grund mehr bestanden hätte, noch weiterzukämpfen. Daher wurde er wieder der Truppe zugeteilt; so konnten weder seine Loyalität zu seinen Truppen noch seine Loyalität zur Nation in Frage gestellt werden. Seine Verteidiger behaupteten außerdem, daß im Falle seiner Exekution andere nicht unbedingt durch dieses einschüchternde Beispiel in den Gehorsam getrieben, sondern viel eher ihrem Land entfremdet würden, wenn sie sähen, daß für eine Heimkehr kein Grund bestünde.

Auf der Ebene des Verstehens, das über die weitgefaßten Verallgemeinerungen hinausgeht, liegt einer der herausforderndsten und lohnendsten Aspekte der Arbeit mit klassischer Literatur in der Erforschung der psychologischen Nuancen der Grundkonzepte und ihrer praktischen Anwendung. Es ist herausfordernd, weil es das Eintauchen in das Bewußtsein der Klassiker verlangt; es ist lohnend, weil es neue Dimensionen des Denkens eröffnet, die über die feststehenden subjektiven Maßstäbe hinausgehen. Der Schlüssel zu diesem Verständnis liegt in der Sensibilität für die Struktur, die traditionell sowohl durch Allegorien und Bilder als auch durch Dialoge und Streitgespräche erweckt wird.

Die Verwendung von bildlichen Darstellungen und Andeutungen in der chinesischen Literatur wurde im Chan-Buddhismus der Tang und Song-Dynastien als schöne Kunst geübt, und es wurden die Traditionen sowohl der konfuzianischen und taoistischen Klassiker als auch jene der buddhistischen Sutras übernommen. Der Chan-Buddhismus übte auf alle bedeutenden chinesischen Gelehrten, Dichter und Künstler dieser und späterer Generationen großen Einfluß aus, und doch war der Chan-Buddhismus seinerseits dem klassischen Taoismus zu Dank verpflichtet, da der Taoismus den überraschenden literarischen Kunstgriffen des Chan zur Akzeptanz verhalf. Eine der linguistischen Techniken dieser Kunst, die für den Übersetzer von besonderem Interesse ist, ist der Gebrauch von zweideutigen Wendungen.

Die taoistische und buddhistische Literatur wurden – sowohl von Asiaten, die für westliche Leser schrieben, als auch von westlichen Fachleuten, die für westliche Leser schrieben – immer wieder als paradox beschrieben. Eine solche Einschätzung findet man so oft und sie hat sich so sehr durchgesetzt, daß nun das Paradoxe als eines der wesentlichen Merkmale und einer der wichtigsten Kunstgriffe dieser Literatur gilt. Daß zum Beispiel *Die Kunst des Krieges* auf einen Sieg ohne Kampf abzielt, ist typisch für diese Art des Paradoxen, das die Aufmerksamkeit auf die ihm eigene Logik lenken soll. Es mag daher paradoxerweise nicht paradox sein, wenn man herausfindet, daß das Paradoxe der Zweideutigkeit in der taoistischen Literatur, die sich mit höherer Psychologie beschäftigt, eine exakte Wissenschaft darstellt.

Der wichtigste Kunstgriff dieser Literatur besteht darin, den Leser zur aktiven Anteilnahme am Buch herauszufordern, genauso wie der Betrachter in das suggestive Muster hineingezogen wird, das bei einer meisterlichen Tuschezeichnung der Song-Dynastie die Linien im Raum spinnen. Das Resultat ergibt sich teils aus dem Geschriebenen selbst, teils aus dem, was der Leser hineinliest; jeder Aphorismus, jeder Text bringt eine besondere Facette der menschlichen Psyche zum Vorschein und erlaubt es dadurch, die Mentalität des Lesers zu analysieren. Die Chan-Buddhisten benützen die Zweideutigkeit in erster Linie als Mittel zum nichtdirektiven Spiegeln einer Persönlichkeit und ihrer Denkstruktur. Sun Tsus Werk hat in ähnlicher Weise die Kraft, durch die Reaktionen und Interpretationen seitens des Lesers viel über diesen zu offenbaren.

Als Übersetzer war ich immer der Meinung, daß die getreue Rekonstruktion einer notwendigen oder nützlichen Zweideutigkeit zu den schwierigsten Feinheiten dieses Handwerks zählt. Kommentatoren der chinesischen Klassiker haben schon vor langem aufgezeigt, wie völlig unterschiedliche Perspektiven sich ergeben, wenn man verschiedene Subjekt-Objekt-Verbindungen annimmt, wie es in manchen Sätzen möglich ist. In den späteren Schulen des Chan wurde offen gesagt, daß man sich bei der Lektüre klassischer Texte in alle Rollen hineindenken muß, um eine umfassende Sicht der subjektiven und objektiven Beziehungen zu erlangen. Die Chan-Schriftsteller arbeiteten dies in einer ausgefeilten Bildsprache zu atemberaubenden Längen aus, um die Wandlungen und das gegenseitige Durchdringen der Standpunkte aufzuzeigen.

In einem klassischen Aphorismus über Erziehung, dem man in der Chan-Literatur häufig begegnet, sagt Konfuzius: »Wenn ich eine Ecke aufzeige und die, zu denen ich spreche, nicht mit den anderen drei zurückkommen können, dann spreche ich nicht mehr zu ihnen.« Bezieht man diesen Ausspruch auf die chinesischen Klassiker, dann ist er eine passende Beschreibung der Erfahrung, die man beim Lesen eines solchen Werkes macht. Positiv gesehen meint Konfuzius, daß die Klassiker Hinweise und Anregungen bergen, die um so mehr preisgeben, je mehr Zeit und Denken man investiert, um diese Hinweise auf gegenwärtige, reale Situationen anzuwenden. In ähnlicher Weise werden sie in der taoistischen Tradition als Visualisationsmodelle benützt, die gewisse intuitive Erkenntnisse der menschlichen Natur und des menschlichen Bedingtseins erwecken sollen.

Es ist daher die Absicht dieser Übersetzung von *Die Kunst des Krieges*, den Klassiker als eine Studie über Beziehungen oder über Energie als innere Kraft oder Bewegung wiederzugeben, die über den Wandel der Zeit hinaus gültig bleiben könnte, vor allem wenn man dabei die immergültige taoistische Tradition berücksichtigt, die das Herz und die Seele dieses klassischen Textes ausmacht. Die Kommentare der oben erwähnten Leser, in einem Zeitraum von fast tausend Jahren verfaßt, wurden nicht nur ausgewählt, um den Originaltext näher zu erläutern, sondern auch, um zu zeigen, welche Verschiebungen der Perspektive dieser Klassiker erlaubt. Die Übersetzung des Originals wurde daher so konzipiert, daß genug begrifflicher Spielraum für verschiedene Sichten in verschiedenen Situationen bleibt.

Der Grund dafür, daß ein Klassiker auch nach Tausenden von Jahren ein Klassiker ist, wie es bei diesem Buch und den Werken der ursprünglichen konfuzianischen und taoistischen Weisen der Fall ist, scheint darin zu liegen, daß sie noch immer von Bedeutung sind. Diese bestehenbleibende Bedeutung ist überdies nicht nur über Generationen hinweg erfahrbar. In kleinem Rahmen birgt ein Klassiker deutlich unterschiedlichen Sinngehalt, je nachdem unter welchen Umständen und in welcher geistigen Verfassung er gelesen wird;

im großen Rahmen vermittelt ein Klassiker völlig unterschiedliche Welten, wenn er in verschiedenen Lebensabschnitten, in verschiedenen Phasen der Erfahrung, des gefühlsmäßigen Erlebens und des Verstehens des Lebens gelesen wird. Klassiker mögen interessant, ja sogar unterhaltsam sein, aber die Leser erfahren doch immer, daß sie nicht wie die Bücher sind, die man zur bloßen Unterhaltung liest und die ihren ganzen Gehalt sofort preisgeben. Die Klassiker scheinen weiser zu werden, wenn wir weiser werden, und nützlicher zu werden, je mehr wir sie benützen.

1. Strategische Überlegungen

MEISTER SUN

Jede Kriegshandlung ist für den Staat von größter Bedeutung – sie ist der Grund von Leben und Tod, der Pfad, der das Überleben sichert oder in den Untergang führt. Daher ist es unumgänglich, sie eingehend zu prüfen.

Li Quan

Jede Kriegshandlung birgt Unheil in sich – sie wird nur deshalb als wichtig erachtet, weil sie eine Angelegenheit von Leben und Tod darstellt, und es besteht die Gefahr, daß man sich leichtfertig darauf einläßt.

Du Mu

Das Überleben oder die Zerstörung eines Landes und das Leben oder der Tod seines Volkes mögen von einer kriegerischen Handlung abhängen, daher es ist nötig, diese sorgfältig zu prüfen.

Jia Lin

Mit »Grund« ist die Stelle gemeint, der Ort der regelrechten Schlacht – sichere dir den Vorteil, und du wirst leben; geh des Vorteils verlustig, und du wirst sterben. Daher wird eine militärische Handlung der Grund von Leben und Tod genannt. Der Pfad bezeichnet die Art und Weise, sich der Situation anzupassen und den Sieg zu erringen – finde dies, und du wirst überleben, verliere dies, und du wirst zugrunde gehen. Daher heißt es, es sei unumgänglich, jede militärische Handlung sorgfältig zu prüfen. Ein alter Text sagt: »Es gibt einen Weg des Überlebens, der dich unterstützt und stärkt; es gibt einen Weg der Zerstörung, der dich in Vergessenheit geraten läßt.«

Mei Yaochen

Ob du lebst oder stirbst, hängt von der Konfiguration des Schlachtfeldes ab; ob du überlebst oder zugrunde gehst, hängt vom Fortgang der Schlacht ab.

Meister Sun

Daher beurteile sie in bezug auf fünf Dinge; benütze diese Einschätzungen, um Vergleiche anzustellen und finde dadurch heraus, wie die Bedingungen beschaffen sind. Diese fünf Dinge sind der Weg, das Wetter, das Gelände, die Führung und die Disziplin.

Du Mu

Fünf Dinge müssen einer Beurteilung unterzogen werden – der Weg, das Wetter, die Beschaffenheit des Geländes, die Befehlshaber und die Disziplin. Diese Dinge müssen in den Hauptquartieren beurteilt werden – schätze zuerst dich selbst und deinen Gegner hinsichtlich dieser fünf Dinge ein und entscheide dann, wer der Überlegene ist. Dann kannst du feststellen, wer wahrscheinlich die Oberhand gewinnen wird. Nur wenn du dies alles beurteilt hast, solltest du deine Streitkräfte mobilmachen.

Cao Cao

Die Beurteilung der folgenden Punkte muß in den Hauptquartieren erfolgen: nämlich die Beurteilung der Führung, des Gegners, des Geländes, der Truppenstärke, der Entfernung und der möglicherweise drohenden Gefahr.

Wang Xi

Beurteile die Führung, die Beschaffenheit der Umgebung, die Disziplin, die Truppen und Offiziere und das System von Belohnung und Bestrafung.

Zhang Yu

Meister Guan sagte, daß diese Beurteilungen bereits in der Heimat erfolgen sollten, noch bevor die Truppen in die Ferne geschickt werden. Bei einer militärischen Unternehmung stehen diese Lagebeurteilungen an erster Stelle der zu treffenden Maßnahmen. Manche behaupten, daß militärische Operationen erst an Ort und Stelle geregelt werden sollten, wenn man bereits dem Gegner gegenübersteht, aber General Cao Cao sagt, daß diese Lagebeurteilungen bereits in den Hauptquartieren erfolgen sollten – und zwar deshalb, weil es unumgänglich ist, zuerst die Weisheit der Führer, die Stärke der gegnerischen Truppen, die Beschaffenheit des Geländes und die Anzahl der Truppen einzuschätzen. Wenn dann die zwei Armeen einander gegenüberstehen, werden die noch nötigen Änderungen von den Befehlshabern in Übereinstimmung mit diesen Berechnungen vorgenommen.

Disziplin bedeutet, daß die Vorschriften streng und klar sind. Der Grund dafür, daß Führung und Disziplin in dieser Liste der fünf Dinge an letzter Stelle stehen, ist folgender: Wann immer du deine Truppen mobilmachst, um jene anzugreifen, die dir Unrecht getan haben, mußt du dich zuerst damit auseinandersetzen, ob deine eigenen Leute dich schätzen und dir vertrauen. Erst dann beurteile, ob die Wetterbedingungen günstig oder ungünstig sind, und als letztes untersuche die Gegebenheiten des Geländes. Sobald diese drei Voraussetzungen erfüllt sind, wird ein Befehlshaber bestimmt, der den Feldzug leiten soll. Sobald die Armee ausgezogen ist, kommen alle Befehle ausschließlich vom General.

Wang Xi

Harmonie zwischen den Menschen bildet die Grundlage des Tao aller militärischen Unternehmungen; das richtige Wetter und eine vorteilhafte Stellung sind hilfreich. Wenn diese drei Elemente gegeben sind, ist es an der Zeit, über die Mobilmachung zu beratschlagen. Die Mobilmachung der Armee erfordert große Fähigkeiten seitens der Führung. Wenn die Führerschaft fähig ist, wird eine gute Disziplin herrschen.

Meister Sun

Das Tao veranlaßt die Menschen, das gleiche Ziel wie die Führung zu verfolgen, so daß sie bereit sind, Leben und Tod zu teilen, ohne sich von einer Gefahr abschrecken zu lassen.

Cao Cao

Dies heißt, sie durch Unterweisung und Leitung zu führen. Gefahr bedeutet Mißtrauen.

Zhang Yu

Wenn man die Menschen wohlwollend, aufrichtig und gerecht behandelt, dann werden sie einmütig sein und ihren Führern bereitwillig dienen. Das *I Ging* sagt: »Sind die Menschen auch in schwierigen Situationen glücklich, dann werden sie ihren Tod vergessen.«

Du Mu

Das Tao bedeutet Menschlichkeit und Gerechtigkeit. In alten Zeiten befragte ein berühmter Staatsminister einen politischen Philosophen über militärische Angelegenheiten. Der Philosoph sagte: »Menschlichkeit und Gerechtigkeit sind die Mittel, die es erlauben, richtig zu regieren. Wenn recht regiert wird, fühlt sich das Volk der Führung nahe und macht sich wenig daraus, für sie zu sterben.«

Jia Lin

Wenn es dem Führer gelingt, menschlich und gerecht zu sein und sowohl die Freuden als auch die Sorgen des Volkes zu teilen, werden sich die Truppen loyal verhalten und sich von selbst mit den Interessen der Führung identifizieren.

MEISTER SUN

Mit Wetter sind dessen Veränderungen, Kälte und Wärme und die Jahreszeiten gemeint.

Cao Cao

Die Regeln der alten Militärführer legen fest, daß militärische Unternehmungen nicht im Winter oder Sommer durchgeführt werden dürfen, und zwar aus Sorge um das Volk.

Zhang Yu

(den Begründer der Tang-Dynastie zitierend)

In alten Zeiten verloren viele Soldaten ihre Finger, weil sie ihnen während der Feldzüge gegen die Hunnen abgefroren waren, und viele Soldaten starben auf den Feldzügen gegen südliche Stämme an der Pest. Der Grund dafür liegt darin, daß die Unternehmungen im Winter beziehungsweise im Sommer ausgeführt wurden.

Wang Xi (Fan Li zitierend)

Dies ist die Bedeutung des Ausspruches »Dringe nie zu einer ungünstigen Zeit in ein fremdes Territorium vor.«

MEISTER SUN

Das Gelände muß in bezug auf Nahes und Fernes, Schwieriges und Leichtes, Weites und Enges, Überleben und Sterben beurteilt werden.

Zhang Yu

Bei jeder militärischen Operation ist es wichtig, zuerst die Beschaffenheit des Geländes zu kennen. Wenn du die Distanz, die es zurückzulegen gilt, kennst, dann kannst du planen, ob du auf direktem Wege vorwärtsgehst oder ob du einen Umweg einschlägst. Wenn du weißt, ob es schwierig oder leicht zu durchqueren ist, dann kannst du bestimmen, ob es günstiger ist, Infanterie oder berittene Truppen einzusetzen. Wenn du die Ausdehnung des Gebietes kennst, kannst du beurteilen, wie viele Truppen du benötigst, ob es viele oder wenige sein müssen. Wenn du weißt, ob das Gebiet sicher oder voller Gefahren ist, dann kannst du unterscheiden, ob du kämpfen oder deine Kräfte teilen sollst.

MEISTER SUN

Führerschaft ist eine Sache der Intelligenz, der Glaubwürdigkeit, der Menschlichkeit, des Mutes und der Strenge.

Cao Cao

Ein General sollte über diese fünf Tugenden verfügen.

Du Mu

Der Weg der Könige früherer Zeiten bestand darin, zuerst

die Menschlichkeit zu bedenken, während der in den Kriegskünsten Bewanderte an erste Stelle die Intelligenz setzte, weil Intelligenz die Fähigkeit zu planen und zu erkennen einschließt, wann Anpassung erfolgreich sein kann. Glaubwürdigkeit heißt, die Menschen über Bestrafung und Belohnung nicht im unklaren zu lassen. Menschlichkeit bedeutet, Liebe und Mitgefühl für die Menschen zu empfinden und sich ihrer Mühsal bewußt zu sein. Mut heißt, Gelegenheiten zu ergreifen, um sich den Sieg zu sichern, ohne Unentschlossenheit zu zeigen. Strenge bedeutet, Disziplin in den verschiedenen Rängen durch strenge Strafen durchzusetzen.

Jia Lin

Verläßt du dich allein auf deine Intelligenz, so mündet dies in Widerspenstigkeit. Läßt du allein Menschlichkeit walten, so mündet dies in Schwäche. Ist für dich Vertrauen am wichtigsten, so mündet dies in Torheit. Verläßt du dich allein auf die Stärke deines Mutes, so mündet dies in Gewalt. Befehligst du deine Truppen mit übermäßiger Strenge, so mündet dies in Grausamkeit. Wenn du über alle fünf Tugenden verfügst und jede ihrer Funktion entsprechend einsetzt, dann kannst du ein militärischer Führer sein.

MEISTER SUN

Disziplin bedeutet Organisation, klare Aufteilung der Pflichten und Logistik.

Mei Yaochen

Organisation bedeutet, daß die Truppen in einer geregelten Art und Weise gegliedert sein müssen. Die klare Aufteilung der Pflichten besteht darin, daß es Offiziere geben muß, die die Truppen zusammenhalten und anführen. Mit Logistik ist die Überwachung des Nachschubs gemeint.

MEISTER SUN

Jeder General hat von diesen fünf Dingen bereits gehört. Jene, die sie beherrschen, werden triumphieren; jene, die sie nicht beherrschen, werden scheitern.

Zhang Yu

Jeder hat von diesen fünf Dingen gehört, aber nur jene, die die Prinzipien der Anpassung und der Stockung in ihrer ganzen Tragweite verstehen, werden gewinnen.

Meister Sun

Benütze daher diese Beurteilungen, um Vergleiche anzustellen und um herauszufinden, welche Bedingungen herrschen. Das heißt, welche politische Führung handelt im Einklang mit dem Tao? Welcher General ist der fähigere? Wer verfügt über die besseren Voraussetzungen, was Wetter und Terrain betrifft? Wessen Disziplin ist wirksamer? Wessen Truppen sind die stärkeren? Welche Soldaten und Offiziere sind besser ausgebildet? Wessen System von Belohnung und Bestrafung ist klarer? So kannst du wissen, wer gewinnen und wer verlieren wird.

Li Quan

Eine politische Führung, die in Einklang mit dem Tao steht, wird sicherlich über eine militärische Führung verfügen, die intelligent und fähig ist.

Du Mu

Frag dich selbst, welche politische Führung – deine eigene oder die deines Feindes – in der Lage ist, Schmeichler zurückzuweisen und sich dem Weisen zu nähern.

Du You

Tao bedeutet Tugend. Es ist zuallererst notwendig, die politischen Führungen jener Staaten zu vergleichen, die gegeneinander Krieg führen.

Mei Yaochen

Was die politische Führung betrifft, so liegt die Frage darin, wer fähig ist, die Herzen der Menschen zu gewinnen.

He Yanxi

Der *Klassiker der Dokumente* sagt: »Wer mich gut behandelt, ist mein Führer, wer mich grausam behandelt, ist mein

Feind.« Die Frage liegt darin, welche Seite über eine menschliche, und welche über eine grausame Regierung verfügt.

Zhang Yu

Vergleiche zuerst die politische Führung der beiden Staaten, die einander bekriegen, und stelle fest, welche in Einklang mit dem Weg des Wohlwollens und des guten Glaubens handelt. Untersuche dann die militärische Führung – welche über Intelligenz, Glaubwürdigkeit, Menschlichkeit, Tapferkeit und Strenge verfügt. Nun betrachte, welche der beiden Seiten das günstigere Umfeld hat.

Cao Cao

Stelle Regeln auf, gegen die nicht verstoßen werden darf, und versäume es nicht, jeden, der ihnen zuwiderhandelt, zu bestrafen.

Du Mu

Wenn es dazu kommt, Regeln und Richtlinien festzulegen, dann sollte jeder, ob er nun einen hohen oder einen niedrigen Rang innehat, gleich behandelt werden.

Du You

Vergleiche, wessen Befehle die wirksameren sind – wessen Untergebene es nicht wagen, nicht zu gehorchen.

Mei Yaochen

Mache alle vor dem Gesetz gleich.

Wang Xi

Erkunde, wem es gelingt, klare Regeln aufzustellen und Befehle so zu erlassen, daß sie leicht befolgt werden können, so daß die Menschen auf ihn hören und ihm gehorchen.

Du Mu (Über Stärke und Training)

Wenn zwischen Vorgesetzten und Untergebenen Harmonie herrscht und sie in der Schlacht gleich tapfer sind, dann fördert dies die Stärke.

Du You

Bring in Erfahrung, wessen Ausrüstung die tauglichere ist und wessen Truppen sorgfältig ausgewählt und gut trainiert sind, denn es heißt: »Wenn Soldaten nicht Tag für Tag üben, werden sie an der Front ängstlich und zaudernd sein. Wenn Generäle nicht Tag für Tag üben, werden sie es an der Front nicht verstehen, sich anzupassen.«

Du Mu (über das Thema von Bestrafung und Belohnung)

Belohnungen sollten nicht maßlos sein, Bestrafungen sollten nicht willkürlich ausgesprochen werden.

Du You

Finde heraus, wessen System von Belohnungen für die Guten und von Bestrafungen für die Schlechten klarer definiert ist, denn es heißt: »Wenn Belohnungen unmäßig sind, dann kommt es zu Ausgaben, die nicht mit Dankbarkeit vergolten werden; wenn die Bestrafungen unmäßig sind, dann kommt es zu einem Blutbad, das nicht zu Respekt führt.«

Mei Yaochen

Wenn Menschen eine Belohnung verdienen, sollte dies vorschriftsgemäß registriert werden, auch wenn du persönlich diese Menschen verachtest. Wenn Menschen eine Bestrafung verdienen, solltest du nicht davon absehen, auch wenn sie dir sehr nahe stehen.

Cao Cao (zusammenfassend)

Wenn du diese sieben Dinge einer Beurteilung unterziehst, kannst du in Erfahrung bringen, wer den Sieg und wer die Niederlage davontragen wird.

Mei Yaochen

Gelingt es dir, die tatsächlichen Bedingungen herauszufinden, dann wirst du wissen, wer die Oberhand gewinnen wird.

Zhang Yu

Wenn du in all diesen sieben Punkten überlegen bist, hast du gewonnen, bevor du auch nur eine Schlacht geschlagen hast. Bist du in all diesen sieben Dingen unterlegen, dann hast du verloren, bevor du noch in die Schlacht gezogen bist. Daher ist es möglich, im vorhinein den Sieger zu kennen.

Meister Sun

Analysiere die Vorteile, die du aus meinem Ratschlag ziehst. Dann gliedere deine Kräfte entsprechend und mache dir außergewöhnliche Taktiken zunutze. Die Kräfte müssen strategisch gegliedert werden und in Übereinstimmung mit dem stehen, was von Vorteil ist.

Cao Cao

Die Gliederung hängt von der Strategie ab; die Strategie wird gemäß den Ereignissen festgelegt.

Meister Sun

Jede militärische Operation beinhaltet Täuschung. Selbst wenn du fähig bist, erscheine unfähig. Selbst wenn du tätig bist, erscheine untätig.

Cao Cao

Eine militärische Operation kennt keine von vornherein feststehende Form – sie bedient sich der Täuschung.

Mei Yaochen

Ohne Täuschung kannst du keine Strategie in die Tat umsetzen; ohne Strategie kannst du den Gegner nicht unter Kontrolle halten.

Wang Xi

Jede Täuschung hat zum Ziel, den Sieg über einen Gegner zu erringen; um Truppen zu befehligen, bedarf es der Aufrichtigkeit.

Zhang Yu

Während du in Wirklichkeit stark bist, erscheine schwach; während du in Wirklichkeit tapfer bist, tu, als wärest du feige – diese Methode war gegenüber den Hunnen von Erfolg gekrönt.

Li Quan

Li Quan erzählt die Geschichte, wie einer der Generäle der Han-Dynastie rebellierte und sich mit den Hunnen zusammenschloß. Der Kaiser sandte daraufhin zehn Kundschafter aus, um sie beobachten zu lassen, und alle berichteten, daß sie erfolgreich angegriffen werden könnten. Der Kaiser sandte daraufhin Lou Jing aus, der jedoch berichtete, daß die Hunnen nicht erfolgreich angegriffen werden könnten. Als der Kaiser ihn nach dem Grund fragte, antwortete er: »Wenn zwei Gegner einander unentschieden gegenüber stehen, sollten sie mit ihren Kräften prahlen. Als ich hinging, sah ich niemanden außer den Schwachen und Alten – sicherlich sind die anderen »fähig, erscheinen aber unfähig»; daher erachte ich es nicht für sinnvoll, sie anzugreifen.«

Der Kaiser war erzürnt. Er bestrafte Lou Jing dafür, daß er ihm seine Pläne durchkreuzt hatte, und zog persönlich mit einem großen Kontingent aus. Sie wurden jedoch von den Hunnen umzingelt und sieben Tage lang von ihrem Nachschub abgeschnitten.

Dies, schließt Li, bedeutet es, wenn eine Armee schwach zu sein scheint.

Du Mu

Es geht dabei darum, in irreführender Weise deinen wahren Zustand zu verbergen. Du solltest den Gegner nicht erkennen lassen, in welchem Zustand du dich befindest, denn wenn der Feind sieht, in welcher Verfassung du bist, wird er sicherlich eine Antwort darauf wissen. Ein Beispiel dafür wäre, daß die Hunnen die Abgesandten der Han nur die Schwachen und Alten sehen ließen.

Du You

Dies bedeutet, daß du äußerlich unfähig und untauglich scheinen solltest, auch wenn du in Wirklichkeit fähig und erfolgreich bist. Dadurch kannst du erreichen, daß der Feind unvorbereitet bleibt.

Wang Xi

Bist du stark, so erscheine schwach. Bist du tapfer, so erscheine ängstlich. Bist du ordentlich, so erscheine chaotisch. Bist du erfüllt, so erscheine leer. Bist du weise, so erscheine töricht. Verfügst du über zahlreiche Truppen, so scheine nur über wenige zu verfügen. Dringst du vor, so scheine dich zurückzuziehen. Bewegst du dich schnell, so scheine dich langsam zu bewegen. Eroberst du, so scheine wegzugehen. Bist du an einem Ort, so scheine an einem anderen Ort zu sein.

Zhang Yu

Wenn du dich auf einen Kampf vorbereitest, so gib vor, daß du dich zurückziehst. Wenn du dich beeilst, so tu, als würdest du dich entspannen.

Meister Sun

Wenn du in der Nähe angreifen willst, so täusche vor, daß du dich auf einen weiten Weg machst; wenn du in der Ferne angreifen willst, mach die anderen glauben, daß du nur eine kurze Strecke zurücklegen willst.

Li Quan

So kannst du bewirken, daß der Gegner unvorbereitet ist.

Meister Sun

Verführe den Gegner mit der Aussicht auf seinen Vorteil, schütze Unordnung vor und nimm ihn gefangen.

Mei Yaochen

Ist der Gegner gierig, locke ihn mit verführerischen Dingen.

Zhang Yu

Stelle deinem Feind einen kleinen Vorteil in Aussicht, dann greife ihn an und vernichte ihn.

Du Mu

Wenn der Feind verwirrt ist, kannst du diese Gelegenheit nützen, ihn zu überwältigen.

Jia Lin

Ich würde listige Eindringlinge benützen, um den Feind zu verwirren, und so lange abwarten, bis Unordnung beim Feind herrscht; dann angreifen und ihn gefangennehmen.

Zhang Yu

Bediene dich der Täuschung, um den Gegner in Verwirrung zu stürzen; ködere ihn, um ihn dann zu überwältigen. Als die Staaten Wu und Yue miteinander im Kampf lagen, entsandte Wu dreitausend Verbrecher, um sich den Anschein der Unordnung zu geben und so den Staat Yue zu ködern. Manche der Verbrecher flohen, einige gaben auf. Die Armee von Yue kämpfte mit ihnen, nur um von der Armee des Staates Wu besiegt zu werden.

Meister Sun

Wenn der Gegner erfüllt ist, dann sei auf ihn gefaßt; wenn er stark ist, dann weiche ihm aus.

Du Mu

Ist die feindliche Regierung erfüllt – was bedeutet, daß zwischen dem Herrscher und den Untergebenen gegenseitige Zuneigung besteht, daß Klarheit und Vertrauen im System der Belohnungen und Bestrafungen herrscht und daß die Soldaten gut ausgebildet sind – dann sollest du dich vor dem Gegner in acht nehmen. Warte nicht auf den Zusammenprall, um deine Vorbereitungen zu treffen. Ist das Militär des Feindes stark, solltest du ihn vorübergehend meiden und abwarten, bis er erschlafft, und nach einer Öffnung Ausschau halten, um ihn anzugreifen.

Chen Hao

Regt sich der Feind nicht, ist er ganz und gar erfüllt, dann solltest du dich sorgfältig vorbereiten. Erfülle auch dich selbst, so daß du für ihn bereit bist.

He Yanxi

Wenn du nur Erfüllung beim Gegner wahrnimmst und keinerlei Lücke siehst, dann solltest du deine eigene Kraft aufbauen, um vorbereitet zu sein.

Zhang Yu

In einem Klassiker heißt es: »Liegst du mit deinem Gegner im Kampf, dann kannst du herausfinden, wovon er genug hat und woran es ihm mangelt.« Genug zu haben heißt, erfüllt zu sein, Mangel leiden heißt, eine Lücke zu haben. Sobald die militärische Macht des Gegners erfüllt ist, solltest du ihn behandeln, als wäre er unschlagbar und ihn nicht leichtfertig angreifen. Ein Militärführer sagt: »Erblickst du eine Lücke, dann rücke vor; erblickst du Fülle, dann halte inne.«

Jia Lin

Will der Schwache den Starken unter Kontrolle halten, dann ist es logischerweise notwendig, eine Veränderung abzuwarten.

Du You

Sind die feindlichen Lagerhäuser gefüllt und die gegnerischen Soldaten in Bestform, dann solltest du dich zurückziehen, um Ausschau zu halten, ob sich eine Lücke auftut, wenn sie nachlässig werden. Beobachte alle Veränderungen und reagiere auf sie.

MEISTER SUN

Nütze es aus, wenn der Gegner leicht erregbar ist, um ihn herauszufordern.

Cao Cao

Warte ab, bis dein Gegner heruntergekommen und faul ist.

Li Quan

Wenn die militärische Führung oft in Zorn gerät, dann ist ihre Strategie leicht in Unordnung zu bringen, denn ihr Charakter ist nicht fest.

Du Mu

Ist die Führung des gegnerischen Militärs von rasch aufbrausendem Wesen, so solltest du sie zornig machen – dann werden sie von ihrem Ungestüm mitgerissen, und sie lassen ihre ursprüngliche Strategie fallen.

Mei Yaochen

Sind deine Feinde jähzornig, dann reize sie so lange, bis sie derart erregt sind, daß sie leichtfertig in die Schlacht ziehen.

Zhang Yu

Ist der Gegner heftig und gerät er leicht in Wut, dann reize ihn, um ihn wütend zu machen, so daß sein Kampfgeist geschwächt wird – dann wird er nachlässig handeln, ohne einen Plan auszuarbeiten.

Meister Sun

Gib Unterwürfigkeit vor, um die Arroganz des Gegners anzustacheln.

Li Quan

Wenn der Gegner dich mit teuren Geschenken und süßem Geschwätz überhäuft, dann führt er etwas im Schilde.

Du You

Ist der Gegner aufgescheucht und dabei aufzubrechen, dann solltest du vorgeben, eingeschüchtert zu sein, um seine Stimmung zu heben; warte, bis er nachlässig wird, dann gruppiere deine Truppen neu und greife an.

Mei Yaochen

Gib dir den Anschein von Unterlegenheit und Schwäche, um den Stolz deines Gegners anzustacheln.

Wang Xi

Tu so, als wärest du demütig und schwach, um die Arroganz deines Gegners zu provozieren – dann wird er sich nicht weiter um dich sorgen, und du kannst ihn angreifen, während er sich entspannt.

Meister Sun

Ermüde ihn, indem du die Flucht ergreifst.

Cao Cao

Benütze Schnelligkeit, um den Gegner zu ermüden.

Wang Xi

Dies bedeutet, viele Überraschungsangriffe durchzuführen. Wenn die Feinde hervorkommen, dann geh du heim; wenn sie heimgehen, dann geh du hinaus. Wenn sie ihrer linken Flanke zu Hilfe kommen, dann steure du auf die rechte zu; wenn sie ihrer rechten Flanke zu Hilfe kommen, dann geh du nach links. Auf diese Weise kannst du deine Gegner zermürben.

Zhang Yu

Auf diesem Wege kannst du dir deine Stärke bewahren, während der Gegner ermüdet.

Meister Sun

Säe Zwietracht zwischen deinen Feinden.

Cao Cao

Schicke Eindringlinge aus, um eine Spaltung in den Reihen des Gegners zu bewirken.

Li Quan

Brich die Einigkeit, die unter ihnen herrscht, auf; säe Zwietracht zwischen der Führerschaft und den Ministern und greife dann an.

Du Mu

Dies bedeutet, daß du, wenn die Beziehungen zwischen der gegnerischen Regierung und ihren Anhängern harmonisch sind, mit Bestechung arbeiten solltest, um sie zu spalten.

Chen Hao

Sind sie geizig, dann sei du großzügig; sind sie barsch, dann sei du milde. Auf diese Art und Weise kannst du Mißtrauen zwischen der Führung und ihren Anhängern stiften, und du kannst einen Keil der Spaltung zwischen sie treiben.

Du You

Verführe sie mit der Aussicht auf Gewinn, sende Eindringlinge aus, die sich unter sie mischen, laß rhetorisch Geschulte sich mit schönen Worten bei den Führern und ihrem Gefolge einschmeicheln und sprenge ihre Organisation und Macht.

Zhang Yu

Du magst Unstimmigkeiten zwischen der Führerschaft und ihren Untergebenen hervorrufen oder zwischen deinen Gegnern und ihren Verbündeten – bewirke eine Spaltung, und dann verfolge dein Ziel.

Meister Sun

Greife an, wenn der Gegner unvorbereitet ist, mache einen Schachzug, wenn er es am wenigsten erwartet.

Cao Cao

Geh zum Angriff über, wenn die Aufmerksamkeit des Gegners nachläßt; tu einen Schritt, wenn sich eine Lücke auftut.

Meng Shi

Schlage dort zu, wo sich Lücken auftun, greife an, wenn der Gegner nachlässig wird und gib ihm keine Möglichkeit sich auszudenken, wie er sich vorbereiten könnte. Daher heißt es, daß bei militärischen Operationen Formlosigkeit am wirkungsvollsten ist. Einer der großen Kriegsherren sagte: »Die wirkungsvollste aller Bewegungen ist die, die niemand erwartet hat; der beste aller Pläne ist der, der unbekannt bleibt.«

MEISTER SUN

Die Formation und das Vorgehen, deren sich das Heer bedient, sollten nicht vorzeitig an die Öffentlichkeit gelangen.

Cao Cao

Gelangt etwas in die Öffentlichkeit, dann gibt es eine undichte Stelle. Der Krieger hat keine feste Form, genauso wie das Wasser keine beständige Gestalt hat – passe dein Verhalten entsprechend an, wenn du dem Feind von Angesicht zu Angesicht gegenüberstehst, ohne ihn im vorhinein wissen zu lassen, was du vorhast. Daher findet die Analyse des Feindes im Geiste statt, und die Augen beobachten die Situation.

Li Quan

Geh zum Angriff über, wenn der Gegner unvorbereitet und nicht darauf gefaßt ist, und du wirst mit Gewißheit den Sieg davontragen. Dies ist die Essenz aller Kampfkünste, und sie muß geheimgehalten und darf nicht enthüllt werden.

Du Mu

Etwas in die Öffentlichkeit gelangen lassen heißt, darüber zu sprechen. Dies bedeutet, daß alle der vorher erwähnten Strategien, die einen militärischen Sieg sichern sollen, nicht ein für alle Male festgelegt werden können – betrachte zuerst die Formation des Gegners und wende erst dann deine Strategien an. Du kannst nicht sagen, was du tun wirst, bevor nicht der Zeitpunkt zum Handeln gekommen ist.

Mei Yaochen

Da du dich angesichts des Feindes in angemessener Weise anpassen und auf ihn einstellen mußt, wie könntest du da im vorhinein sagen, was du zu tun gedenkst?

MEISTER SUN

Die Seite, die in den Hauptquartieren mit dem Sieg rechnet, bevor sie sich überhaupt einer Herausforderung stellt, ist die, die die meisten strategisch günstigen Faktoren auf ihrer Seite weiß. Die Seite, die in den Hauptquartieren damit rechnet, den Sieg nicht erlangen zu können, ist die, die am wenigsten strategisch günstige Faktoren auf ihrer Seite weiß. Wer viele strategisch günstige Faktoren für sich geltend machen kann, wird gewinnen, wer wenige strategisch günstige Faktoren für sich geltend machen kann, wird verlieren – ganz zu schweigen von demjenigen, der keine strategisch günstigen Faktoren auf seiner Seite weiß. Wenn ich die Sache von diesem Blickwinkel aus betrachte, kann ich im voraus erkennen, wer gewinnen und wer verlieren wird.

Zhang Yu

Wenn deine Strategie tiefgründig und umfassend ist, dann ist das, was du aus deinen Berechnungen gewinnst, viel, und du kannst gewinnen, bevor du überhaupt kämpfst. Wenn hingegen dein strategisches Denken nicht tiefgründig und weitreichend ist, dann ist das, was du aus deinen Überlegungen gewinnst, nur wenig, und du wirst verlieren, bevor du dich überhaupt auf eine Auseinandersetzung eingelassen hast. Eine große Zahl strategischer Analysen wird die Oberhand über eine kleine Zahl strategischer Analysen gewinnen, daher können jene, die über keinerlei Strategie verfügen, nur besiegt werden. Deshalb heißt es, daß siegreiche Krieger zuerst gewinnen und dann erst in den Krieg ziehen, während unterlegene Krieger zuerst in den Krieg ziehen und dann versuchen zu gewinnen.

2. Über die Kriegführung

Li Quan

Erstelle zuerst deine Pläne, dann bereite deine Ausrüstung vor. Dies ist der Grund dafür, warum das Kapitel über die Kriegführung auf das Kapitel über strategische Überlegungen folgt.

Meister Sun

Wenn du in den Krieg ziehst, magst du zwar als Sieger daraus hervorgehen, aber deine Waffen werden stumpf und deine Kampfmoral leidet, wenn er sich zu lange hinzieht. Belagerst du eine befestigte Stellung, wird sich deine Kraft erschöpfen. Wenn du deine Truppen lange Zeit im Feld beläßt, wird es an Nachschub mangeln.

Jia Lin

Selbst wenn du als Sieger über die anderen aus einem Kampf hervorgehst, wirst du davon nichts haben, wenn der Kampf zu lange andauert. Bei militärischen Operationen ist es wichtig, einen vollständigen Sieg zu erringen; wenn deine Kräfte erlahmen und deine Moral nachläßt, weil du Verluste erleidest und sich Kampfesmüdigkeit breit macht, dann wirst du erschöpft sein.

Zhang Yu

Wenn du für eine militärische Operation eine große Summe Geld ausgibst und deine Truppen sich zu lange im Feld befinden, dann werden deine finanziellen Reserven nicht groß genug sein, um die Ausgaben zu decken.

Li Quan

Schon der Klassiker der *Frühlings- und Herbstannalen* sagt:

»Der Krieg ist wie ein Feuer – wenn du es nicht auslöschst, wird es so lange brennen, bis es von selbst verlischt.«

Jia Lin

Wenn eine militärische Operation sich lange hinzieht, ohne Ergebnisse zu zeitigen, dann werden deine Rivalen beginnen, Pläne zu schmieden.

Du You

Waffen sind unheilvolle Geräte – wenn du sie über zu lange Zeit einsetzt, bringen sie Unglück. Es heißt: »Jene, die es lieben zu kämpfen und dadurch ihre Armee erschöpfen, werden unweigerlich zugrunde gehen.«

MEISTER SUN

Sind deine Waffen stumpf und ist deine Kampfmoral schwach, sind deine Kräfte geschwunden und deine Vorräte erschöpft, dann werden andere Vorteil aus deiner Schwäche ziehen und sich erheben. Und auch wenn dir die klügsten Ratgeber zur Seite stehen, kannst du den Lauf der Dinge nicht mehr zu deinen Gunsten verändern.

Li Quan

Eine Operation in großem Maßstab erfordert unermeßliche Ausgaben, die nicht nur im Feld zum Zusammenbruch führen, sondern dich auch in der Heimat schwächen. Daher beläßt eine weise Regierung ihre Truppen nicht im Feld.

MEISTER SUN

Daher habe ich von Unternehmungen gehört, die zwar ungeschickt, aber schnell waren, aber ich habe nie eine gesehen, die geschickt und langwierig gewesen wäre. Eine langwierige militärische Operation war für eine Nation noch nie von Vorteil.

Cao Cao

Manche gewinnen aufgrund ihrer Schnelligkeit, selbst wenn sie über kein großes Geschick verfügen.

Du Mu

Manche mögen beim Angriff unbeholfen sein, aber sie erlangen die Oberhand dank ihrer außergewöhnlichen Schnelligkeit und weil sie ihre Kräfte nicht verschleißen und ihre Reserven nicht erschöpfen.

Chen Hao

Es heißt, sei schnell wie der Donner, der erschallt, bevor du dir auch nur die Ohren zuhalten kannst; und sei geschwind wie der Blitz, der aufleuchtet, bevor du auch nur die Augen schließen kannst.

Meister Sun

Daher können jene, die sich der Nachteile eines Einsatzes von Waffen nicht voll und ganz bewußt sind, sich auch der Vorteile eines Einsatzes von Waffen nicht voll und ganz bewußt sein.

Li Quan

Vorteile und Nachteile sind eng miteinander verwoben – lerne zuerst die Nachteile kennen, dann kannst du die Vorteile erkennen.

Jia Lin

Wenn die Generäle hochmütig und die Soldaten faul sind, dann vergessen sie in ihrer Gier nach Gewinn, daß die Ereignisse auch eine unerwartete Wendung nehmen können – dies ist der größte aller Nachteile.

Du You

Dies bedeutet, daß du, so du planst, deine Streitkräfte zu mobilisieren und dich auf eine Unternehmung einzulassen, nicht den geringsten Vorteil ernten können wirst, wenn du nicht zuallererst an das Unglück denkst, das Gefahr und Zerstörung bedeuten.

Meister Sun

Jene, die das Militär vortrefflich einsetzen, heben Truppen nicht zweimal aus und transportieren den Proviant nicht dreimal.

Cao Cao

Dies bedeutet, daß du das Volk nur einmal zum Dienst einberufst und unmittelbar danach den Sieg erringst – du gehst kein zweites Mal in dein Land zurück, um weitere Truppen anzuwerben. Zuerst sorgst du selbst für Nahrung, danach beschaffst du dir den Nachschub direkt im Feindesland; und wenn dann deine Soldaten in euer Land zurückkehren, empfängst du sie nicht mit noch mehr kostenloser Nahrung.

Du Mu

Stelle fest, ob der Feind erfolgreich angegriffen werden kann, entscheide, ob du den Kampf wagen kannst, und erst wenn dies geschehen ist, rekrutiere deine Truppen – denn dann kannst du den Feind besiegen und nach Hause zurückkehren.

Li Quan

Stelle keine zweimal Truppen auf, denn sonst entsteht in der Bürgerschaft Überdruß, und Bitterkeit steigt auf.

Meister Sun

Wenn du die nötige Ausrüstung aus deinem eigenen Land mitnimmst und dich, was den Proviant betrifft, auf den Feind verläßt, kannst du über reichlich Ausrüstung und Vorräte verfügen.

Cao Cao

Wenn du in den Krieg ziehst, mußt du zuerst deine Ausgaben kalkulieren und danach trachten, den Nachschub im Feindesland zu beschaffen.

Li Quan

Verfügst du über deine eigenen Waffen und nimmst du dir den Proviant vom Feind, dann wird es dir an nichts fehlen, selbst wenn dich die Unternehmung in die Ferne führt.

Cao Cao

Die Ausrüstung wird aus dem Heimatland mitgenommen, der Proviant wird vom Feind genommen.

Meister Sun

Wenn ein Land durch eine militärische Operation verarmt, dann deswegen, weil es den Nachschub an einen weit entfernten Ort befördert. Transportiere den Nachschub an einen weit entfernten Ort, und die Bevölkerung wird in Armut versinken.

Li Quan

Truppen werden wiederholt ausgehoben, und die Steuern wiegen schwer.

Du Mu

Meister Guan sagt: »Wird der Nachschub über dreihundert Meilen transportiert, fehlt es dem Land an Vorräten für ein Jahr; wird der Nachschub über vierhundert Meilen transportiert, fehlt es dem Land an Vorräten für zwei Jahre; wird der Nachschub über fünfhundert Meilen transportiert, dann sind die Menschen bleich vor Hunger.« Dies heißt, daß Proviant nicht transportiert werden sollte, denn in diesem Fall machen jene, die den Nachschub liefern, Verluste, und sie können nicht anders als zu verarmen.«

Jia Lin

Nachschub über große Entfernungen zu befördern bedeutet, das Vermögen für Reisen auszugeben und für den Transport aufzubrauchen, so daß das gemeine Volk Tag für Tag ärmer wird.

Zhang Yu

Wenn siebenhunderttausend Familien eine Armee von hunderttausend Mann bei einem Feldzug in der Ferne ernähren müssen, kann das gewöhnliche Volk der Verarmung nicht entkommen.

Meister Sun

Jene, die in der Nähe des Heeres leben, verkaufen zu hohen Preisen. Und hohe Preise lassen den Reichtum des Volkes schwinden.

Cao Cao

Ist die Armee ausgezogen, dann verkaufen jene in der Nähe des Heeres in ihrer Geldgier ihre Waren zu hohen Preisen. Daher wird das gewöhnliche Volk mittellos.

Li Quan

In der Nähe einer Armee wird immer gehandelt; das gemeine Volk braucht seine Ersparnisse auf, um damit Schritt halten zu können, und verarmt so immer mehr.

Jia Lin

Wo immer sich die Truppen sammeln, schnellen die Preise für Güter in die Höhe. Da die Menschen gierig nach außergewöhnlich hohen Gewinnen sind, verkaufen sie all ihre Habe. Obwohl sie zuerst einen großen Profit erzielen, gehen ihnen schließlich die Waren aus. Da außerdem die Steuern hoch sind, verlangen jene, die etwas zu verkaufen haben, die höchsten Preise, die sie bekommen können; das gewöhnliche Volk wird mittellos, da es versucht zu kaufen, was es braucht, so daß das Land wie von selbst verarmt.

Wang Xi

Wenn der Nachschub über weite Strecken befördert werden muß, wird das Volk von den hohen Ausgaben erdrückt. Auf den Märkten nahe der Armee schießen die Preise in die Höhe. Daher ist eine lange militärische Unternehmung eine Geißel für eine Nation.

Meister Sun

Sind die Reserven erschöpft, dann werden die Steuern unter Druck eingetrieben. Sind Kraft und Güter aufgezehrt, dann blutet das eigene Land aus. Das gewöhnliche Volk büßt siebzig Prozent seines Einkommens ein, während die Ausgaben der Regierung für Ausrüstung sechzig Prozent ihres Haushaltes ausmachen.

Du Mu

Ist für die militärische Situation keine Lösung gefunden und die Armee nicht abgerüstet worden, dann werden die Steuern immer drückender. Dadurch schwinden die Reichtümer des Volkes, so daß es des größten Teils seiner Erzeugnisse verlustig geht.

He Yanxi

Das Volk ist die Basis des Staates; die Nahrung ist der Himmel des Volkes. Jene, die über andere herrschen, sollten dies respektieren und sich in Sparsamkeit üben.

Mei Yaochen

Das gewöhnliche Volk stellt dem Militär Güter, Nahrung und Arbeitskräfte zur Verfügung. So verliert es die meisten Dinge, die es zu seiner eigenen Versorgung bräuchte, während die Regierung für die Ausrüstung des Heeres sorgt und so mehr als die Hälfte ihres Budgets verliert. Daher werden die aus Steuern stammenden Einnahmen aufgebraucht; die Armee ist zerrüttet und das Volk erschöpft. Wenn die Steuern erdrückend sind und das Volk verarmt, ist der Staat geschwächt.

Meister Sun

Daher strebt ein weiser General danach, sich die Lebensmittel beim Feind zu verschaffen. Jedes Pfund Nahrung, das dem Feind abgenommen wird, wiegt zwanzig Pfund Nahrung auf, für die du selbst aufkommen mußt.

Cao Cao

Der Transport des Nachschubs an sich verbraucht zwanzigmal soviel wie der Wert der transportierten Güter ausmacht.

Zhang Yu

Es bedarf zwanzig Pfund Proviant, um dann ein Pfund Proviant an eine Armee in der Ferne liefern zu können. Ist das Terrain zerklüftet, braucht es sogar noch mehr als das. Das ist der Grund, warum ein fähiger General immer danach trachten wird, sich den Nachschub im Feindesland zu beschaffen.

MEISTER SUN

Was den Gegner vernichtet, ist Zorn; was zur Erbeutung der Habe des Feindes führt, ist Belohnung.

Zhang Yu

Wenn du deine Offiziere und Truppen anstachelst, so daß sie vor Zorn glühen, dann werden sie den Feind töten. Wenn du deine Männer mit Siegesbeute belohnst, dann werden sie aus eigenem Antrieb kämpfen, um die Güter des Feindes erbeuten zu können. Daher heißt es, daß dort, wo große Belohnungen winken, auch heldenhafte Männer anzutreffen sind.

Du You

Wenn die Menschen wissen, daß sie reichlich belohnt werden, falls sie den Feind besiegen, dann werden sie freudig in den Kampf ziehen.

Wang Xi

Dies bedeutet nichts anderes als reiche Belohnungen auszuschreiben. Wenn du deine Truppen willkürlich plündern läßt, besteht die Gefahr, daß sie deiner Kontrolle entgleiten.

MEISTER SUN

Daher belohne im Falle einer Wagenschlacht denjenigen, der als erster mindestens zehn Wagen erobert.

Mei Yaochen

Willst du jeden einzelnen belohnen, dann wird es dir an Dingen mangeln, um alle bedenken zu können. Stell daher eine Belohnung für einen einzelnen in Aussicht, um alle anzuspornen.

Meister Sun

Tausche ihre Farben aus und mische die erbeuteten Wagen unter die deinen. Behandle die gefangenen Soldaten gut und nimm dich ihrer an.

Cao Cao

Du wechselst ihre Farben aus, um sie den deinen anzugleichen; setze sie gemeinsam mit den deinen ein, so daß sie nicht sich selbst überlassen bleiben.

Jia Lin

Du tauschst ihre Farben aus, damit sie für den Feind nicht erkennbar sind.

Zhang Yu

Gefangengenommene Soldaten solltest du gut behandeln, damit du sie dazu bewegen kannst, für dich zu arbeiten.

Meister Sun

Dies heißt, den Sieg über den Gegner zu erringen und obendrein die eigene Kraft zu stärken.

Du Mu

Indem du die gegnerischen Soldaten gefangennimmst und dich der Versorgung des Feindes bedienst, vergrößerst du deine eigene Stärke.

Mei Yaochen

Wenn du Soldaten gefangennimmst, teile ihnen Verantwortungen entsprechend ihrer Stärke zu; nimm dich ihrer gütig an, und sie werden für dich arbeiten.

He Yanxi

Wenn du den Feind benützt, um den Feind zu besiegen, dann wirst du stark sein, wo immer du hingehst.

Meister Sun

Daher ist das Wichtigste in einer militärischen Unternehmung der Sieg und nicht das Durchhaltevermögen.

Cao Cao

Über lange Zeit durchzuhalten bringt keinen Gewinn. Eine Armee ist wie ein Feuer – löschst du es nicht, dann brennt es so lange, bis es von selbst verlischt.

Meng Shi

Das beste ist ein rascher Sieg und eine schnelle Heimkehr.

Mei Yaochen

Bei allem oben Erwähnten ist es wichtig, schnell zu sein. Handelst du schnell, dann kannst du Ausgaben einsparen und dem Volk erlauben, sich zu erholen.

Meister Sun

Daher wissen wir, daß der Anführer der Armee die Verantwortung für das Leben der Menschen trägt und über die Sicherheit des Staates entscheidet.

Cao Cao

Ist die militärische Führung weise, dann ist das Land sicher.

Mei Yaochen

Dies zeigt uns, welch ernste Angelegenheit die Ernennung eines militärischen Führers darstellt.

Wang Xi

Das Leben des Volkes und die Ordnung der Nation liegen in den Händen der Generäle. Die Schwierigkeit, einen guten Führer zu finden, ist ein Problem, das immer bestehen wird.

3. Über das Planen einer Belagerung

MEISTER SUN

Die allgemein gültige Regel für den Einsatz des Militärs lautet: Es ist besser, eine Nation unversehrt zu belassen als sie zu zerstören. Es ist besser, eine Armee unversehrt zu belassen als sie zu vernichten; es ist besser, eine Division unversehrt zu belassen als sie zu vernichten; es ist besser, eine Abteilung unversehrt zu belassen als sie zu vernichten; es ist besser, eine Einheit unversehrt zu belassen als sie zu vernichten.

Cao Cao

Du stellst eine Armee auf und dringst tief in das Territorium deines Gegners vor und bleibst in Bewegung; du blockierst den Raum zwischen dem Bollwerk innen und den Stadtmauern außen und unterbrichst die Kommunikation zwischen innen und außen, worauf der Feind sich vollständig ergibt – so ist es am besten. Greifst du in zerstörerischer Absicht an und nimmst ein Land mit Gewalt ein, dann ist dies eine mittelmäßige Leistung.

Jia Lin

Wenn es dir gelingt, das Land des Gegners unversehrt zu lassen, dann wird auch dein eigener Staat heil bleiben. So ist es am besten.

Li Quan

Dies bedeutet, daß Töten nicht wichtig ist.

Du You

Es ist am besten, wenn der Gegner auf dich zukommt und sich von sich aus ergibt. Ihn anzugreifen und zu vernichten, ist dem unterlegen.

He Yanxi

Die beste Politik besteht darin, sich Strategie, Beeinflussung und den Verlauf der Ereignisse zunutze zu machen, um den Gegner zur freiwilligen Aufgabe zu bewegen.

Zhang Yu

Zhang Yu zitiert eine Aussage von Wei Liaozi: »Wenn du dich in den Kriegskünsten übst, dann analysiere deinen Gegner; entmutige ihn und beraube ihn seiner Führung, so daß die gegnerische Armee nutzlos ist, selbst wenn sie unversehrt bleibt – dann bedeutet das, durch das Tao zu siegen. Vernichtest du aber die gegnerische Armee und tötest du ihre Generäle, erstürmst du, um dich schießend, die Schutzwälle, sammelst du eine Horde um dich und bemächtigst du dich unrechtmäßig des Landes, dann bedeutet das, durch Gewaltanwendung zu siegen.«

Zhang Yu erklärt dann weiter: »Durch das Tao zu siegen oder durch Gewaltanwendung zu siegen ist nichts anderes, als einen Staat unversehrt zu belassen oder einen Staat zu zerstören. Wenn du das Volk barmherzig behandelst, während du die Verbrecher bestrafst und einen vollständigen Sieg erringst, ohne das Land zu vernichten, dann ist dies der beste Weg.«

Wang Xi

Nation, Armee, Division, Abteilung und Einheit – egal ob groß oder klein, wahre ihre Unversehrtheit, und deine Würde wird dadurch wachsen; zerstöre sie, und deine Würde wird darunter leiden.

Meister Sun

Daher beweisen jene, die jede Schlacht gewinnen, nicht wirklich höchstes Geschick – jene, die die gegnerische Armee hilflos machen, ohne es zu einem Kampf kommen zu lassen, sind die wahrhaft Vortrefflichen.

Cao Cao

Der beste Sieg ist dann errungen, wenn der Gegner sich aus

eigenen Stücken ergibt, bevor es tatsächlich zu Feindseligkeiten kommt.

Li Quan

Überwältige deinen Gegner, indem du berechnend handelst.

Chen Hao

In einem Kampf kommst du nicht umhin, Menschen zu töten, daher ist es am besten, zu siegen, ohne zu kämpfen.

Jia Lin

Am besten ist es, wenn deine Truppen dem Feind so große Ehrfurcht einflößen, daß alle kommen, um sich zu ergeben. Dies ist besser als ein Sieg, der durch Betrug, Gewalt und Gemetzel erlangt wird.

Mei Yaochen

Dies hängt davon ab, ob du eine Abscheu davor verspürst, anderen Verletzungen zuzufügen.

Zhang Yu

Gelingt es dir nur dann, die Oberhand zu behalten, wenn du dich auf einen Kampf einläßt, gibt es gewiß viele Opfer; dies ist nicht gut. Wenn es dir gelingt klarzustellen, was belohnt und was bestraft wird; wenn deine Weisungen verläßlich sind und du deine Gerätschaft in gutem Zustand hältst; wenn du deine Offiziere und Truppen trainierst, sie exerzieren läßt und ihre Stärke überall bekannt machst, damit du den Gegner auf der psychologischen Ebene besiegen kannst, so ist dies vortrefflich.

Wang Xi

Bei militärischen Operationen schätzt man es hoch ein, wenn die Strategie des Gegners durchkreuzt wird, und nicht, wenn es zu einer regelrechten Schlacht kommt.

He Yanxi

erzählt folgende Geschichte: Als Wang Po aus der späteren

Han-Dynastie Zhu Jian und Su Mo angriff, kehrte er nach der Schlacht in sein Lager zurück. Seine Feinde formierten sich neu und versuchten, abermals ein Scharmützel anzuzetteln, aber Wang Po weigerte sich, sein Lager zu verlassen.

Während Wang Po mit seinen Offizieren eine Abendgesellschaft veranstaltete, deckten Su Mos Männer das Lager mit einem Pfeilhagel ein. Einer der Pfeile traf den Weinkrug, der vor Wang Po stand. Wang Po jedoch blieb ruhig sitzen, ohne die geringste Erregung zu zeigen.

An diesem Punkt bemerkte ein Offizier, daß Su Mo bereits am Ende seiner Weisheit und leicht anzugreifen wäre. Wang Po weigerte sich und sagte: »Su Mos Söldner kommen von weit her und verfügen nur über geringe Vorräte – das ist der Grund, warum sie es auf einen Kampf um alles oder nichts anlegen. Wenn ich mein Lager abschirme und meine Soldaten hierbehalte, dann ist es genau das, was man ›das Allerbeste‹ nennt.«

Meister Sun

Daher schlägt der vorbildliche Stratege zu, solange Pläne geschmiedet werden.

Cao Cao

Wenn der Gegner gerade im Begriff ist, seine Strategie auszuarbeiten, ist es leicht zuzuschlagen.

Du You

Greift deine Armee dann ein, wenn der Gegner gerade plant, seine Streitkräfte zu mobilisieren, und gelingt es ihr, ihn niederzuwerfen, so ist dies das beste. Daher sagte einer der großen Kriegskaiser: »Jene, die sich darauf verstehen, sich aller Schwierigkeiten zu entledigen, sind jene, die den Schwierigkeiten ihr Augenmerk schenken, bevor sie sich zeigen; jene, die sich darauf verstehen, den Gegner zu überwältigen, sind jene, die gewinnen, bevor die Form existiert.«

Mei Yaochen

Dies bedeutet, durch Intelligenz zu siegen.

Wang Xi

Am besten ist es, die Absichten der anderen durch intelligentes Planen zu vereiteln.

He Yanxi

Sobald der Feind beginnt, heimlich einen Angriff gegen dich zu planen, greifst du ihn als erster an – dies ist ein leichtes. Versuche, die Zielrichtung des gegnerischen Planes herauszufinden, laß deine Streitkräfte dementsprechend aufmarschieren und greife an, indem du den Absichten des Feindes zuvorkommst.

Zhang Yu

Zhang Yu merkt an, daß einige behaupten, Meister Sun verträte hier die Meinung, die beste militärische Operation bestünde darin, strategisch anzugreifen, das heißt, ungewöhnliche Taktiken und geheime Berechnungen einzusetzen, um den Sieg zu erringen, ohne überhaupt zu kämpfen.

Meister Sun

Die nächstbeste Strategie ist es, Bündnisse anzugreifen.

Li Quan

Dies bedeutet anzugreifen, wenn Bündnisse erst geschlossen werden.

Chen Hao

Manche sagen, dies bedeute, daß man dann zuschlagen soll, um den Feind zu besiegen, wenn dieser bereits mobilgemacht hat und verhandelt – dies ist die nächstbeste Strategie.

Meng Shi

Wenn du Bündnisse mit starken Staaten eingehst, werden deine Gegner es nicht wagen, gegen dich zu intrigieren.

Mei Yaochen

Dies bedeutet, durch Einschüchterung zu siegen.

Wang Xi

Es bedeutet, daß du dich mit den Bündnissen des Gegners befaßt und versuchst, sie zu untergraben, falls du seine Absichten nicht vollkommen durchkreuzen kannst.

He Yanxi

Meister Sun meint damit, daß du dann angreifen solltest, wenn du mit dem Feind in Berührung kommst. Dies bedeutet, daß du beim Zusammenprall eurer Streitkräfte eine Scheinstreitkraft aufstellst, um dem Feind Furcht einzuflößen und ihn weder vorrücken noch sich zurückziehen läßt. Dann kannst du diese Gelegenheit nützen, um vorzupreschen und ihn zu besiegen. Da auch die Nachbarn aus dieser deiner Aktion ihren Nutzen ziehen, bleibt dem Gegner nur, isoliert und schwach zu sein.

Meister Sun

Die nächstbeste Strategie besteht darin, die Armee anzugreifen.

Cao Cao

Dies bedeutet, anzugreifen, wenn sich die Armee bereits formiert hat.

Jia Lin

Noch eine Stufe tiefer stehst du, wenn du erfolgreich angreifen kannst, indem du deine Kräfte reibungslos zum Einsatz bringst. Daher sagte ein großer Kriegskaiser: »Einer, der angesichts blanker Klingen um den Sieg kämpft, ist kein guter General.«

Mei Yaochen

Dies bedeutet, den Sieg im Kampf erringen.

Meister Sun

Die minderste Strategie besteht darin, eine Stadt anzugreifen. Zur Belagerung einer Stadt darf es nur dann kommen, wenn kein anderer Ausweg bleibt.

Cao Cao

Wenn der Gegner alle seine Mittel einsetzt und eine Stadt verteidigt, dann ist es die niedrigste Form einer militärischen Operation, ihn in dieser Lage anzugreifen.

Li Quan

Wenn du eine Armee in einer befestigten Stadt in Garnison legst, dann verlieren die Offiziere ihre Frische, und die Soldaten werden träge.

Du You

Dies bedeutet, daß es die niedrigste Art des Angriffs darstellt, wenn du Städte angreifst und dort ein Gemetzel anrichtest, da dabei viele Opfer zu beklagen sind.

Wang Xi

Soldaten werden getötet und zu Krüppeln gemacht, ohne daß die Stadt unbedingt tatsächlich erobert wird.

Zhang Yu

Die Belagerung von Städten und das Hinschlachten ihrer Bewohner läßt nicht nur die Armee altern und verschwendet nicht nur Mittel, sie fordert auch viele Opfer und ist daher die niedrigste Form des Angriffs. Wenn du eine Stadt belagerst, dann zehrst du deine Kräfte auf. Tu es also nur, wenn es unbedingt nötig ist, als letzten Ausweg.

Meister Sun

Nimm dir drei Monate Zeit, um deine Geräte und Wagen vorzubereiten, und rechne mit drei Monaten, um deine Belagerungsbauten zu vollenden.

Du Mu

Er meint damit, daß es nötig ist, sich Zeit zu nehmen, um die Geräte und Belagerungsbauten gründlich vorzubereiten, wenn nicht viele Menschen verletzt werden sollen. Einer der Strategen des Altertums sagte: »Jene, die ihre Maschinen nicht wirksam einsetzen können, sind in Bedrängnis.«

Mei Yaochen

Wenn weder Einschüchterung noch Intelligenz reichen, um den anderen zu besiegen, und dir keine andere Wahl bleibt, als den Feind dort anzugreifen, wo er lebt, dann mußt du dir die angemessene Zeit für die Vorbereitungen nehmen.

Zhang Yu

Einige behaupten, daß Meister Sun hier betonen will, daß du nicht in Zorn geraten und überstürzt angreifen sollst. Dies ist der Grund, warum er rät, sich Zeit zu nehmen; er sagt dies aber nicht, weil es dafür einer ganz bestimmten Zeitspanne bedarf.

Meister Sun

Kann der General seinen Zorn nicht besiegen und läßt er seine Armee in der befestigten Stadt ausschwärmen, wobei ein Drittel seiner Soldaten vernichtet und die Stadt trotzdem noch nicht eingenommen wird, dann ist dies ein verheerender Angriff.

Cao Cao

Wenn der General so zornentbrannt ist, daß er nicht auf die Belagerungsmaschinerie warten kann und seine Soldaten über die Schutzwälle schickt wie einen Schwarm Ameisen, dann bedeutet dies, die Soldaten zu töten und zu Krüppeln zu machen.

Jia Lin

Stimme dir das Volk günstig, während du eine innere Spaltung unter dem Militär bewirkst, und die Stadt wird sich selbst erobern.

Meister Sun

Daher besiegt der, der die Kunst des Krieges beherrscht, die Kräfte der anderen ohne Kampf, er bezwingt die Städte der anderen ohne Belagerung und zerstört den Staat der anderen, ohne viel Zeit darauf zu verschwenden.

Li Quan

Benütze Taktiken und überwinde den Gegner, indem du ihn entmutigst, statt mit ihm zu kämpfen; nimm seine Städte durch strategisches Denken ein. Zerstöre schlau sein Land, und stirb nicht in einem langwierigen Krieg.

Mei Yaochen

Kämpfen bedeutet, Menschen zu verletzen; belagern bedeutet, Dinge zu zerstören.

He Yanxi

Dies bedeutet, bereits im Stadium des Planens anzugreifen und die Bündnisse zu sprengen, so daß es erst gar nicht zu einem tatsächlichen Kampf kommt. Daher heißt es in den klassischen Kampfkünsten, daß die besten Strategen nicht kämpfen. Einer, der es versteht, eine Belagerung durchzuführen, tut dies nicht mit einer Armee, sondern bedient sich einer Strategie, um dem Gegner entgegenzuarbeiten, so daß dieser sich selbst besiegt und zerstört; er überwindet den Gegner nicht durch einem langen, mühsamen Feldzug.

Zhang Yu

Ein geschickter Stratege vereitelt Pläne, zerstört Beziehungen, schneidet den Nachschub ab oder blockiert den Weg und kann so den Feind überwältigen, ohne zu kämpfen. Eine Art, eine Stadt einzunehmen, besteht darin, daß du einen Ort angreifst, den der Feind unbedingt halten will. Dadurch lockst du ihn aus der Stadtfestung, da er diesem Ort zu Hilfe kommen will, und du kannst dann die Stadt in einem überraschenden Angriff erobern.

Du Mu

Befindet sich der Feind in einer Lage, die für dich günstig ist, und läßt du die Gelegenheit nicht verstreichen, ihn niederzuschmettern, als wäre er trockene Fäule, dann wirst du nicht viel Zeit darauf verwenden müssen.

Meister Sun

Du mußt mit einer Strategie, die auf einen vollständigen Sieg ausgerichtet ist, nach der Überlegenheit in der Welt streben. Dann liegen die Truppen nicht als Besatzung in Garnison, und der Sieg kann vollkommen sein. Dies ist das Gesetz der strategischen Belagerung.

Cao Cao

Du kämpfst nicht mit deinem Feind, aber du erringst einen vollkommenen Sieg; du gewinnst überall, ohne deine Truppen als Besatzung in Garnison liegen zu lassen und ihre Klingen mit Blut zu beflecken.

Mei Yaochen

Ein vollkommener Sieg ist dann erlangt, wenn die Armee nicht kämpft, die Stadt nicht belagert wird, die Zerstörung nicht lange währt; aber in jedem Fall wird der Feind mittels Strategie überwältigt. Dies heißt strategische Belagerung. Auf diese Art und Weise stumpfst du deine Armee nicht ab, und du gewinnst ganz von selbst umfassend.

Zhang Yu

Wenn du nicht kämpfst, werden deine Soldaten nicht verwundet; wenn du keine Belagerung vornimmst, wird deine Stärke sich nicht erschöpfen; wenn du dich nicht auf ein langwieriges Unternehmen einläßt, werden deine Hilfsmittel nicht aufgebraucht. So kannst du den vollkommenen Sieg über die Welt erringen. Dadurch kannst du das Unglück vermeiden, das mit Besetzung und Gewalt einhergeht, und du kommst in den Genuß der Wohltaten eines blühenden Staates und einer starken Armee. Dies ist die Kunst der strategischen Belagerung, wie sie einen guten General auszeichnet.

Meister Sun

Die Regel für den Einsatz des Militärs lautet: Wenn du dem Gegner zehn zu eins überlegen bist, dann umzingle ihn; wenn du ihm fünf zu eins überlegen bist, dann greife an; wenn du ihm zwei zu eins überlegen bist, dann zerstreue ihn.

Cao Cao

Wenn du dem Gegner zehn zu eins überlegen bist, dann umzingle ihn – das heißt, wenn die Generäle über die gleiche Intelligenz und Tapferkeit verfügen und die Soldaten gleich tüchtig sind. Wenn du dem Gegner fünf zu eins überlegen bist, benütze drei Fünftel deiner Kräfte für direkte Angriffe, die restlichen zwei Fünftel für Überraschungsangriffe. Bist du dem Gegner zwei zu eins überlegen, dann teile deine Streitkräfte in zwei Gruppen, eine für die direkte Bestürmung und die andere für einen Überraschungsangriff.

Du Mu

Es bedarf zehnmal so vieler Soldaten, um einen Gegner zu umzingeln, weil du die Einkesselung in einer gewissen Entfernung vom Feind vornehmen mußt. Daher ist das Gebiet, das du umschließt, groß, und du mußt äußerst wachsam sein. Wenn du also nicht über eine große Anzahl von Soldaten verfügst, wird es Lücken und Breschen geben.

Wenn es aber zu einer Spaltung in den Reihen des Feindes kommt, so daß es keine klare Kommandokette mehr gibt, dann werden sie von selbst zerfallen, auch wenn du sie nicht umzingelst. Kreist du sie unter solchen Umständen ein, dann kannst du sie selbstverständlich vernichten. Wenn Meister Sun sagt, du brauchst zehnmal mehr Soldaten als der Feind, um ihn zu umzingeln, dann trifft dies nur zu, wenn die Führer gleich weise und tapfer und die Soldaten gleich fähig sind. Es trifft nicht zu, wenn in den Reihen des Feindes Unstimmigkeit herrscht.

He Yanxi

Wenn du Berechnungen anstellst und die Stärke deiner Kräfte mit denen des Feindes vergleichst, berücksichtige das Talent, die Intelligenz und den Mut der Generäle – bist du zehnmal stärker als der Feind, ist dies zehn zu eins, und du kannst ihn einkreisen und alle seine Versuche, die Umzingelung zu durchbrechen, zunichte machen.

Du Mu

Bist du fünfmal stärker als dein Gegner, dann solltest du drei Fünftel deiner Streitkräfte abziehen und in drei Einheiten aufteilen, um den Feind von einer Seite anzugreifen. Zwei Fünftel halte zurück und erkunde, ob der Feind an manchen Stellen unvorbereitet ist. Dann nütze dies mit Überraschungsangriffen aus.

Chen Hao

Wenn es von deinen Kräften heißt, sie seien den gegnerischen fünfmal überlegen, bedeutet dies lediglich, daß du über zusätzliche Macht verfügst. Die gegnerischen Streitkräfte haben hier und dort Stellung bezogen, wie könntest du sie also nur auf drei Routen angreifen? Die genauen Zahlenangaben hier beziehen sich nur auf die Erstürmung einer befestigten Stadt.

Du Mu

Wenn du deinem Gegner zwei zu eins gegenüberstehst, solltest du einen Teil deiner Streitkräfte abziehen und sie gegen die Schwachstellen des Feindes richten oder sie einige Punkte angreifen lassen, die er mit Sicherheit verteidigen wird. Dadurch wird der Gegner seine Kräfte aufspalten, um dort zu Hilfe zu eilen, und du kannst den anderen Teil deiner Streitkräfte dazu benützen, um ihn anzugreifen. Die Grundsätze des Krieges hängen nicht von der Anzahl ab – in jeder Kampfhandlung gibt es sowohl Überraschungsangriffe als auch Frontalangriffe; warte nicht, bis du über genügend Soldaten verfügst, um Reservekräfte für Überraschungsangriffe aufzustellen.

Du You

Wenn du dem Gegner zwei zu eins überlegen bist, dann greift ein Teil deiner Streitmacht direkt an, während der andere Teil Überraschungsangriffe startet. Da die gegnerischen Soldaten unfähig sind, sich darauf einzustellen, sind sie verwirrt und trennen sich von ihrer Armee. Daher sagte ein großer Kriegskaiser: »Wenn du dich nicht aufteilen kannst und nicht mobil bist, dann kannst du nicht von Überraschungsmanövern sprechen.«

MEISTER SUN

Bist du gleich stark wie dein Feind, dann kämpfe, wenn du dazu in der Lage bist. Bist du ihm zahlenmäßig unterlegen, dann halte dich von ihm fern, wenn du dazu in der Lage bist. Bist du ihm nicht gewachsen, dann fliehe, wenn du dazu in der Lage bist.

Cao Cao

Sind deine Kräfte denen des Feindes gleichwertig, solltest du, auch wenn du gut bist, aus dem Hinterhalt angreifen und Überraschungsattacken durchführen, damit du die Oberhand über den Gegner behältst. Sonst verhalte dich defensiv und laß dich auf keinen Kampf ein. Wenn dein Gegner dir aber überlegen ist, dann nimm deine Soldaten und fliehe.

Wang Xi

»In der Lage sein« heißt, in der Lage zu sein, die anderen zu motivieren, bis zum Tode zu kämpfen. Wenn du den Sieg erringst, indem du aus dem Hinterhalt angreifst und Überfälle durchführst, spricht man von Überlegenheit der Intelligenz. Es ist nicht eine Sache des Zusammenstoßes von Armeen.

Li Quan

Wenn du deine Kraft geringer als die des Feindes einschätzt, dann stärke deine Verteidigung, wage dich nicht hinaus und hole dir keine Niederlage. Warte, bis dein Gegner schwerfällig wird, dann gehe hinaus und greife überraschend an.

Du Mu

Wenn deine Kräfte denen des Feindes nicht ebenbürtig sind, meide vorübergehend seinen Kampfgeist und warte ab, bis sich eine Lücke auftut; dann erhebe dich und strebe entschlossen nach dem Sieg. »In der Lage sein« heißt auch, Ärger und Erniedrigung standhalten zu können, ohne die Herausforderung durch den Gegner anzunehmen.

Chen Hao

Dem ist nicht so. Es bedeutet ganz einfach, daß du vor dem Gegner fliehen solltest, wenn er dir zahlenmäßig überlegen ist, denn dadurch wird der Gegner hochmütig, und das kannst du dir beim Planen deines weiteren Vorgehens zunutze machen. Es bedeutet nicht, Zorn und Erniedrigung zu ertragen.

Jia Lin

Ist der Gegner dir zahlenmäßig überlegen, dann zieh dich zurück und verberge deine Truppenformationen, so daß sie dem Gegner nicht bekannt sind. Dann finde Stellen, wo deine Leute im Hinterhalt auf den Gegner warten, und ersinne Listen, um ihn zu verwirren. Dies ist ebenfalls ein Weg zum Sieg.

Zhang Yu

Der Ratschlag, sich fernzuhalten und sich nicht auf einen Kampf einzulassen, wenn der Gegner zahlenmäßig überlegen ist, gilt auch für den Fall, in dem alles übrige, nämlich die Qualität der Führung und der Truppen, gleichwertig ist. Sind deine Streitkräfte geordnet, während die des Gegners in Unordnung sind, strotzt du vor Energie, während er träge ist, so kannst du dich auf einen Kampf einlassen, selbst wenn der Gegner zahlenmäßig stärker ist als du. Sind deine Soldaten, deine Stärke und Strategie, dein Mut geringer als die des Gegners, dann solltest du dich zurückziehen und nach einer Gelegenheit Ausschau halten.

Meister Sun

Wenn also die schwächere Seite hartnäckig ist, gerät sie in die Gefangenschaft des stärkeren Gegners.

Li Quan

Wenn die schwächere Seite hartnäckig kämpft, ohne ihre Stärke zu berücksichtigen, wird sie sicherlich von der überlegenen Seite gefangengenommen.

Meng Shi

Das Kleine kann dem Großen nicht standhalten – dies bedeutet, daß ein kleines Land, das seine Macht nicht richtig beurteilt und es wagt, sich ein größeres Land zum Feind zu machen, unweigerlich zu einer gefangenen Nation werden wird, egal wie entschlossen seine Verteidigung ist. In den *Frühlings- und Herbstannalen* heißt es: »Wenn du nicht stark, aber auch nicht schwach sein kannst, wirst du letztlich unterliegen.«

He Yanxi

He Yanxi erzählt die Geschichte des Generals Su Jian der Han-Dynastie, der Vizegeneral in den Kriegen gegen die einfallenden Hunnen des Altertums war. General Su und General Zhao führten eine Division von einigen tausend Kompanien an, als sie einer Streitmacht der Hunnen begegneten, die zehnmal größer war.

Sie kämpften den ganzen Tag, bis die chinesische Armee dezimiert war. Nun luden die Hunnen General Zhao, einen Ausländer, der sich früher den Chinesen im Austausch für Rang und Titel ergeben hatte, ein, sich ihnen anzuschließen. So nahm er den Rest seiner berittenen Kompanien, ungefähr achthundert an der Zahl, und ergab sich dem Shanyu, dem Führer der Hunnen. General Su, der nun seine gesamte Armee verloren hatte, war ratlos und wußte nicht, wohin er, als einziger Überlebender, gehen sollte.

Der Generalstabschef fragte etliche seiner besten Ratgeber, wie er im Falle des Generals Su handeln sollte. Einer antwortete: »Wir haben auf diesem Feldzug keinen einzigen Vizegeneral exekutiert. Nun hat dieser Su Jian seine Armee im Stich gelassen – wir sollten ihn töten, um zu zeigen, wie ernst es uns ist.«

Aber ein anderer sagte: »Nein, das ist nicht richtig. Die Regeln der Kriegskunst besagen, daß es gerade diese Hartnäckigkeit seitens des schwächeren Gegners ist, die ihn zum Gefangenen der stärkeren Seite macht. Dieser Su war allein mit einigen wenigen tausend Kompanien, als er auf den

Shanyu traf, der über einige zehntausend Kompanien verfügte. Länger als einen Tag kämpfte er hart und wagte es nicht, an etwas anderes zu denken, solange auch nur einer seiner Soldaten übrig war. Wenn wir ihn nun, da er von selbst zurückgekommen ist, töten, würden wir dem Volk zeigen, daß es sinnlos ist, zurückzukehren!«

MEISTER SUN

Generäle sind die Gehilfen der Nation. Unterstützen sie das Land vollkommen, ist es stark. Unterstützen sie das Land mangelhaft, ist es schwach.

Cao Cao

Legen die Generäle vollkommene Genauigkeit an den Tag, dann dringen ihre Pläne nicht nach außen. Läßt ihre Genauigkeit zu wünschen übrig, so wird die Formation ihrer Truppen in der Öffentlichkeit bekannt.

Jia Lin

Die Stärke oder Schwäche eines Staates hängt von seinen Generälen ab. Stehen die Generäle der Führung hilfreich zur Seite und sind sie wirklich fähig, dann wird das Land stark sein. Sind die Generäle der Führung keine Hilfe und nähren sie Falschheit in ihrem Herzen, dann wird das Land schwach sein. Daher ist es von größter Wichtigkeit, bei der Besetzung von Führungspositionen Sorgfalt walten zu lassen.

He Yanxi

Vollkommen bedeutet, sowohl tüchtig als auch intelligent zu sein. Verfügt ein Land über Generäle, die wirklich fähig und intelligent sind, dann ist das Land sicher und stark. Dies bedeutet, daß Generäle über vollkommene Fähigkeiten und vollkommene Kenntnisse bei allen ihren Unternehmungen verfügen müssen. Generäle im Feld müssen mit der Wissenschaft des Krieges bereits vertraut sein, bevor sie ihre eigenen Soldaten befehligen und Kampfformationen festlegen.

Wang Xi

Vollkommen bedeutet, daß ein General, der gütig und weise ist, auch loyal und befähigt ist. Mangelhaft heißt, daß etwas fehlt.

Zhang Yu

Ist die Strategie der Generäle tiefgreifend und umfassend, entzieht sie sich der Kenntnis des Feindes; daher ist das Land stark. Ist sie nur im geringsten lückenhaft, dann kann der Gegner dies auf aggressive Art und Weise ausnützen; daher ist das Land schwach.

Meister Sun

Die zivile Führung kann also das Heer auf dreifache Weise in Bedrängnis bringen. Wenn eine zivile Führung, die die Umstände nicht kennt, ihrer Armee vorschreibt vorzurücken, wenn sie es besser nicht tun sollte, oder wenn sie ihrer Armee befiehlt, den Rückzug anzutreten, wenn sie es besser lassen sollte, dann heißt dies, der Armee Fesseln anzulegen. Wenn der Herrscher um die militärischen Angelegenheiten nicht Bescheid weiß, aber sich in die Verwaltung des Heeres einmischt, werden die Soldaten verwirrt. Wenn der Herrscher um die militärischen Manöver nicht Bescheid weiß, aber ins Kommando der Armee eingreift, dann werden die Soldaten unschlüssig. Sobald die Armee verwirrt und unschlüssig ist, gibt es Schwierigkeiten mit Rivalitäten. In diesem Fall spricht man davon, daß der Sieg weggenommen wird, weil das Militär durcheinandergebracht wird.

Wang Xi

Um sich dieser Probleme zu entledigen, muß man Autorität uneingeschränkt delegieren. Deshalb ist es äußerst wichtig, daß jene Offiziere, die auserkoren sind, Generäle zu werden, sowohl loyal als auch begabt sind.

Du Mu

Würde das Militär in der gleichen Weise wie eine bürgerliche Gesellschaft geführt, dann wären die Soldaten verwirrt, weil bereits gültige Gebräuche existieren, die das militärische Vorgehen und Kommando regeln.

Mei Yaochen

Militärische und zivile Angelegenheiten unterscheiden sich voneinander, denn sie beschäftigen sich mit verschiedenen Dingen. Wenn du versuchst, die Methoden des zivilen Regierens auf eine militärische Unternehmung zu übertragen, dann wird bei der Unternehmung Verwirrung herrschen.

Zhang Yu

Eine Nation kann durch Menschlichkeit und Gerechtigkeit regiert werden, nicht aber eine Armee. Eine Armee kann durch Manöver geführt werden, nicht aber ein Staat. Befinden sich unter den zivilen Beamten, die dem militärischen Kommando unterstehen, solche, die nichts von militärischer Strategie verstehen, und ist es diesen erlaubt, in die Verantwortung der militärischen Führung einzugreifen, dann ist die Kommandokette nicht einheitlich, und die Soldaten werden unschlüssig.

Du Mu

Fehlt es einem General an der planenden Vorausschau, die es ihm erlauben sollte, die Offiziere richtig einzuschätzen und ihnen jene Positionen zuzuteilen, wo sie ihre Fähigkeiten am besten entfalten können, und teilt er sie stattdessen automatisch zu, ohne ihre Begabung voll auszuschöpfen, dann wird die Armee unschlüssig.

Huang Shigong sagte: »Jene, die es verstehen, Verantwortung abzugeben, setzen die Klugen und die Tapferen, die Gierigen und die Törichten ein. Die Klugen sind erfreut, wenn sie Verdienste erwerben können; die Tapferen wollen ihren Ehrgeiz befriedigen; die Gierigen heißen jede Gelegenheit willkommen, um einen Gewinn zu erzielen, und die Törichten sorgen sich nicht darum, ob sie sterben.«

Ist deine eigene Armee unschlüssig und verwirrt, dann bringst du dich selbst in Schwierigkeiten, so als würdest du den Feind dich besiegen lassen.

Meng Shi

Hegen die Truppen der Armee Zweifel, was ihre Verantwortung betrifft, und herrscht Verwirrung über ihre Aufgaben, dann werden die Gegner aus dieser ungeordneten Lage Nutzen ziehen und Schwierigkeiten bereiten.

Meister Sun

Es gibt also fünf Wege, die erkennen lassen, wer siegen wird. Jene, die wissen, wann sie kämpfen und wann sie nicht kämpfen sollen, werden siegen. Jene, die unterscheiden, wann sie viele und wann sie wenige Truppen einsetzen sollen, werden siegen. Jene, deren obere und untere Ränge die gleichen Ziele verfolgen, werden siegen. Jene, die dem Unvorbereiteten vorbereitet entgegentreten, werden siegen. Jene, deren Generäle fähig sind und nicht von ihrer Regierung behindert werden, werden siegen. Dies sind die fünf Wege, die erkennen lassen, wer siegen wird.

He Yanxi

Beurteile dich selbst und deinen Gegner.

Du You

Manchmal kann eine große Gruppe eine kleine Gruppe nicht wirksam angreifen, und manchmal kann die Schwäche benützt werden, um die Stärke unter Kontrolle zu halten. Jene, die sich den Situationen anpassen können, sind siegreich. Daher heißt es in der Überlieferung der *Frühlings- und Herbstannalen*: »Eine militärische Eroberung ist eine Sache der Koordination, nicht der großen Anzahl.«

Zhang Yu

Unter den Methoden, Truppen aufzustellen, gibt es Wege, die es der Minderzahl erlauben, die Mehrzahl zu bezwingen, und es gibt Wege, die es der Mehrzahl erlauben, die Minderzahl zu besiegen. Es hängt davon ab, ob es gelingt, ihre Tauglichkeit richtig einzuschätzen und sie nicht unangemessen einzusetzen.

Wenn außerdem die Generäle ein gemeinsames Ziel verfolgen, die Armeen ihre Anstrengungen aufeinander abstimmen und jeder einzelne Kampfeswillen zeigt, dann kann niemand einer solchen Streitmacht standhalten.

Sei allzeit unbezwingbar, so als ob du auf einen Gegner vorbereitet wärest. Denn Wu Qi sagte: »Wenn du aus dem Tor trittst, verhalte dich so, als würdest du einen Feind erblicken.« Und Shi Li sagte: »Sei vorbereitet, und du wirst nicht unterliegen.«

Sind die Generäle klug und mutig, sollte ihnen die Verantwortung übertragen werden, ihre Arbeit zu vollbringen, sie sollten nicht von ziviler Seite kontrolliert werden.

Jia Lin

Die Bewegungen der Armee müssen sich der Situation vor Ort anpassen – nichts bedingt größere Schwierigkeiten, als wollte man versuchen, sie von hinter den Linien zu führen.

Wang Xi

Versucht die Zivilregierung, die tüchtigen Generäle zu überwachen, wird es ihr nicht gelingen, unschlüssiges und ausweichendes Verhalten auszumerzen. Eine erleuchtete Führerschaft ist eine, die ihre Leute kennt und ihre Autorität wirksam delegieren kann. Im Feld ist es notwendig, Gelegenheiten beim Schopf zu packen, ohne zu zögern – wie könnte dies aus der Ferne kontrolliert werden?

He Yanxi

In der Regel mußt du bei einer militärischen Operation deine Taktik hundertmal, bei jedem Schritt verändern. Du mußt vorrücken, wenn du siehst, daß du vorrücken kannst, du mußt dich zurückziehen, wenn du siehst, daß du in einer Sackgasse steckst. Was Befehle von seiten des Herrschers betrifft, die all dies regeln sollten, so ist es, als würdest du deinen Vorgesetzten ankündigen, daß du ein Feuer löschen wolltest – bis du mit einem Befehl dorthin zurückkommst, ist nichts mehr übrig außer Asche.

Du Mu

Du Mu zitiert Wei Liaozi: »Der General untersteht nicht dem Himmel über ihm, er untersteht nicht der Erde unter ihm, und er untersteht nicht den Menschen dazwischen. Daher ›ist das Militär ein unheilvolles Werkzeug‹. Der General ist ein Beamter des Todes.«

Meister Sun

Deshalb heißt es: Wenn du die anderen und dich selbst kennst, wirst du auch in hundert Schlachten nicht in Gefahr schweben; wenn du die anderen nicht kennst, aber dich selbst kennst, dann siegst du einmal und verlierst einmal; wenn du die anderen nicht kennst und dich selbst nicht kennst, dann wirst du in jeder einzelnen Schlacht in Gefahr sein.

Li Quan

Wenn du deine Stärke analysierst und deine Gegner abwehrst, wo liegt dann die Gefahr? Wenn du aufgrund deiner eigenen Stärke es versäumst, den Gegner genau einzuschätzen, dann ist der Sieg unsicher.

Du Mu

Vergleiche deinen Herrscher mit dem des Gegners, vergleiche deine militärische Führung mit der des Gegners; vergleiche deine Logistik mit der des Gegners, vergleiche dein Terrain mit dem des Gegners. Hast du diese Vergleiche gezogen, wirst du Überlegenheit und Unterlegenheit, Stärken und Schwächen absehen können; dies wird dich befähigen, bei späteren Unternehmungen jedes Mal die Oberhand zu gewinnen.

Zhang Yu

Wenn du die anderen kennst, dann bist du imstande, sie anzugreifen. Wenn du dich selbst kennst, bist du imstande, dich zu schützen. Der Angriff ist die Zeit für die Verteidigung, Verteidigung ist eine Strategie des Angriffs. Erkennst du das, wirst du nie in Gefahr sein, selbst wenn du in hundert Schlachten kämpfst.

Wenn du nur dich selbst kennst, bedeutet dies, daß du deine Energie bewahrst und abwartest. Verstehst du es also, dich zu verteidigen, nicht aber anzugreifen, bedeutet dies halb Sieg und halb Niederlage.

Wenn du weder die Künste der Verteidigung noch die Künste des Angriffs kennst, wirst du im Kampf verlieren.

4. Über Formationen

Du Mu

Du erkennst die innere Verfassung deines Gegners daran, wie er sich im Außen formiert. Die innere Verfassung des Formlosen ist unergründlich, während die Verfassung all jener, die eine besondere Form angenommen haben, offensichtlich ist. Das Unergründliche siegt, das Offensichtliche unterliegt.

Wang Xi

Jene, die in militärischen Unternehmungen erfahren sind, sind in der Lage, ihre Formationen so zu verändern, daß sie sich einen Sieg sichern, der seine Grundlage in den Handlungen des Gegners hat.

Zhang Yu

Dies bezieht sich auf die Formationen des Angriffs und der Verteidigung, die von zwei Armeen eingesetzt werden. Sind sie im Inneren verborgen, können die anderen sie nicht erkennen; sind sie sichtbar im Äußeren, können die Gegner an den Schwachpunkten eindringen. Eine Formation zeigt sich im Angriff und in der Verteidigung, daher folgt die Abhandlung über Formation auf jene über das Planen einer Belagerung.

Meister Sun

In alten Zeiten machten vortreffliche Krieger sich zuallererst unbesiegbar und warteten dann den Moment ab, in dem der Gegner sich verwundbar zeigte.

Zhang Yu

Dich unbesiegbar zu machen bedeutet, dich selbst zu kennen; den Moment abzuwarten, in dem der Gegner sich verwundbar zeigt, bedeutet, den anderen zu kennen.

Mei Yaochen

Verbirg deine Form, wahre die Ordnung in deinem Inneren und halte Ausschau nach Lücken und Nachlässigkeit beim Gegner.

Meister Sun

Unbesiegbarkeit liegt in dir selbst, Verwundbarkeit liegt im Gegner.

Du Mu

Halte die Ordnung in deinem eigenen Heer aufrecht, sei immer auf den Gegner vorbereitet, verwische deine Spuren und verschleiere deine Form; so machst du dich unergründlich für deinen Gegner. Wenn du siehst, daß du im Vorteil gegenüber deinem Gegner bist, tritt hervor, um ihn anzugreifen.

Wang Xi

Unbesiegbarkeit ist eine Sache der Selbstverteidigung, Verwundbarkeit liegt nur daran, daß Lücken vorhanden sind.

Meister Sun

Daher sind geschickte Krieger fähig, sich unbesiegbar zu machen, aber sie können nicht bewirken, daß der Gegner verwundbar ist.

Du Mu

Wenn der Gegner keine Formation bildet, die du herausfinden könntest, wenn du keine Lücke oder Nachlässigkeit ausnützen kannst, wie willst du ihn dann besiegen, auch wenn du gut ausgerüstet bist?

Zhang Yu

Wenn du deine Form verbirgst und deine Spuren verwischst und immer aufs genaueste vorbereitet bist, dann kannst du selbst unverletzbar sein. Sind die Formen der Stärke und

Schwäche des Gegners nicht im Äußeren wahrnehmbar, wie kannst du dann deines Sieges über den Gegner sicher sein?

MEISTER SUN

Daher heißt es, daß man einen Sieg zwar erkennen, aber nicht herbeiführen kann.

Cao Cao

Ein Sieg kann in dem Maße erkannt werden, in dem du eine feststehende Formation siehst; aber in dem Maße, in dem der Gegner vorbereitet ist, kann ein Sieg nicht herbeigeführt werden.

Du Mu

Du kannst nur wissen, ob deine eigene Stärke reicht, um einen Gegner zu überwältigen; du kannst einen Gegner nicht zwingen, seine Stärke zu deinem Vorteil zu vermindern.

Du You

Sobald du deinen Gegner beurteilt und die gegnerische Formation erkannt hast, kannst du vorhersagen, wer siegen wird. Ist der Gegner unergründlich und formlos, dann kannst du nicht davon ausgehen, daß du gewinnen wirst.

He Yanxi

Der Sieg, der erkennbar ist, hängt von dir ab, das heißt, daß du vorbereitet bist. Der Sieg, der nicht herbeigeführt werden kann, hängt vom Gegner ab, das heißt, daß der Gegner keine Form hat.

MEISTER SUN

Unbesiegbarkeit ist eine Sache der Verteidigung, Verwundbarkeit ist eine Sache des Angriffs.

Cao Cao

Soll deine Verteidigung unbezwingbar sein, dann verbirg deine Form. Wenn der Gegner dich angreift, dann ist er verwundbar.

Du Mu

Solange du keine verwundbaren Formationen bei deinem Gegner erkannt hast, verschleiere deine eigene Form und bereite dich so vor, daß du unbesiegbar bist und dich damit selbst schützt. Sind die Formationen des Gegners verwundbar, dann ist es an der Zeit, hervorzutreten und anzugreifen.

Zhang Yu

Wenn du dir bewußt bist, daß du noch nicht über die Mittel verfügst, um den Gegner zu bezwingen, dann schone deine Energie und warte ab. Wenn du weißt, daß ein Gegner verletzbar ist, dann stoße in sein Kernland vor und erobere es.

Wang Xi

Jene, die sich in der Defensive befinden, tun dies, weil sie nicht genug haben, um zu gewinnen. Jene, die sich in der Offensive befinden, tun dies, weil sie mehr als genug haben, um zu gewinnen.

Meister Sun

Verteidigung ist angezeigt in Zeiten des Mangels; Angriff ist angezeigt in Zeiten des Überflusses.

Li Quan

Jene, deren Stärke unzureichend ist, sollten sich verteidigen, jene, deren Stärke im Überfluß vorhanden ist, sollten angreifen.

Zhang Yu

Wenn wir in der Defensive sind, dann deswegen, weil es uns an etwas mangelt und wir daher den Sieg nicht erringen können. So warten wir auf das, was wir brauchen. Wenn wir in der Offensive sind, dann deshalb, weil wir mehr als genug von dem haben, was wir brauchen, um den Gegner in die Knie zu zwingen. So gehen wir zum Angriff über. Dies bedeutet, daß wir uns nicht auf einen Kampf einlassen werden, wenn wir uns des vollständigen Sieges nicht sicher sind; wir werden nicht kämpfen, solange wir nicht die Gewißheit haben, daß wir kein Risiko eingehen. Manche Menschen glauben, Mangel bedeute Schwäche, und Überfluß bedeute Stärke; aber dieser Eindruck ist falsch.

MEISTER SUN

Jene, die geschickt in der Verteidigung sind, verbergen sich in den tiefsten Tiefen der Erde, jene, die geschickt im Angriff sind, bewegen sich in den höchsten Höhen des Himmels. Daher können sie sich selbst bewahren und einen vollkommenen Sieg erringen.

Cao Cao

Sie verbergen sich in den Tiefen der Erde und machen sich die Festen der Berge, Flüsse und Seen zunutze. Sie bewegen sich in den Höhen des Himmels und machen sich den Lauf der Natur zunutze.

Du Mu

Befindest du dich in der Verteidigung, dann bring deine Stimme zum Schweigen und verwisch deine Spuren; versteck dich wie die Geister und Dämonen in der Erde, entzieh dich aller Blicke. Im Angriff sei deine Bewegung schnell und dein Schrei durchdringend; sei geschwind wie Donner und Blitz, als ob du vom Himmel kämest, und niemand vermag sich gegen dich zu wappnen.

Wang Xi

Verteidigung bedeutet hier, daß du dich versteckt hältst, wenn du keinen wirksamen Weg siehst, um anzugreifen, daß du in Stille und tiefgründigem Schweigen versinkst und es dem Gegner nicht erlaubst, dich ausfindig zu machen. Angriff ist dann angezeigt, wenn du einen erstrebenswerten Vorteil vor Augen hast. Beim Angriff solltest du überaus flink sein und Nutzen daraus ziehen, daß der Gegner dich nicht erwartet; hüte dich davor, daß der Feind dich ausfindig machen und sich rüsten kann.

Meister Sun

Wer den Sieg erkennt, wenn er allgemein bekannt ist, ist nicht wirklich geschickt. Jeder sagt, ein Sieg in der Schlacht sei gut, aber er ist nicht wirklich gut.

Zhang Yu

Was jeder weiß, ist, was bereits geschehen oder offensichtlich geworden ist. Was hingegen ein wacher Mensch weiß, ist, was noch nicht Gestalt angenommen hat, was noch nicht eingetroffen ist. Jeder sagt, ein Sieg in der Schlacht sei gut, aber wenn du das Feine siehst und das Verborgene wahrnimmst und den Sieg erringst, wo keine Form besteht, dann bist du wahrlich vortrefflich.

Wang Xi

Gewöhnliche Menschen sehen die Mittel zum Sieg, aber wissen nichts über Formen, den Sieg zu sichern.

Li Quan

Jedermann kann leicht einen bewaffneten Konflikt sehen – dazu bedarf es keines Geschicks. Ein Wissen, das nicht über das hinausgeht, was die Allgemeinheit weiß, ist kein wirklich gutes Wissen.

Jia Lin

Bist du entschlossen in der Verteidigung und siegreich im Angriff; gelingt es dir, deine Ganzheit zu bewahren, ohne je zu verlieren; nimmst du den Sieg wahr, bevor er stattfindet und erkennst du eine Niederlage, bevor sie eintritt – ist dies die wahrlich feinsinnige Durchdringung des Geheimnisses.

Meister Sun

Es bedarf keiner großen Stärke, um ein Haar aufzuheben, es bedarf keiner scharfen Augen, um Sonne und Mond zu sehen, es bedarf keiner guten Ohren, um einen Donnerschlag zu hören.

Wang Xi

Was ein jeder weiß, kann nicht Weisheit genannt werden. Ein Sieg über andere, der in einer erzwungenen Schlacht errungen wird, kann nicht gutgeheißen werden.

Li Quan

Ein weiser und fähiger militärischer Führer ersinnt listenreiche Pläne für Dinge, mit denen die anderen nicht rechnen. Daher spricht Sun Tsu davon, unergründlich wie das Dunkel zu sein.

Meister Sun

In alten Zeiten waren diejenigen als geschickte Krieger bekannt, die siegten, solange der Sieg leicht zu erringen war.

Cao Cao

Finde die Feinheiten heraus, über die du leicht obsiegen kannst; greife an, was du bezwingen kannst, greife nicht an, was du nicht bezwingen kannst.

Du Mu

Wenn die Strategie des Gegners zum ersten Mal in Erscheinung tritt, dann geh heimlich so vor, daß du imstande bist, sie anzugreifen. Da du dich nicht sehr anstrengen mußt und dir den Sieg auf subtile Art sicherst, sagt man, es sei leicht zu siegen.

Zhang Yu

Wenn du lediglich fähig bist, dir den Sieg zu sichern, nachdem du einen Gegner in einen bewaffneten Konflikt verwikkelt hast, dann erringst du einen schweren Sieg. Wenn du hingegen das Feine wahrnimmst und das Verborgene erkennst und einen Durchbruch erzielst, bevor Stellung bezogen wird, dann ist es ein leichter Sieg.

Meister Sun

Daher bringen den vortrefflichen Kriegern ihre Siege weder Ruhm für ihre Klugheit noch Verdienste für ihren Mut ein.

Daher sind ihre Siege in der Schlacht kein Zufall. Ihre Siege sind deshalb kein Zufall, weil sie dort Stellung beziehen, wo sie mit Sicherheit siegen werden. So gewinnen sie die Oberhand über jene, die bereits verloren haben.

Mei Yaochen

Große Weisheit ist nicht offensichtlich, große Verdienste werden nicht bekannt gemacht. Siehst du das Feine, dann ist es ein leichtes zu gewinnen – was hat dies mit Tapferkeit oder Klugheit zu tun?

He Yanxi

Wird eine Schwierigkeit aus dem Weg geräumt, bevor sie Gestalt annimmt, wer spricht da von Klugheit? Wird ein Sieg ohne Kampf errungen, wer spricht da von Tapferkeit?

Zhang Yu

Geheime Ränke und verborgene Unternehmungen erringen den Sieg in der Formlosigkeit – niemand hört von dem Wissen, das den Gegner beurteilt und den Sieg sichert, niemand sieht den Erfolg jener, die die Flagge an sich reißen und die Generäle töten. Der Weg, ohne Fehl siegen zu können, liegt darin, daß du erkennst, wann der Gegner eine verwundbare Formation gebildet hat; er liegt darin, daß du deine Streitkräfte so aufstellst, daß du ihn bezwingen kannst.

Li Quan

Ist die Armee alt, sind die Soldaten träge und sind Disziplin und Kommando nicht gleichgerichtet, dann handelt es sich um einen Gegner, der bereits verloren hat.

Meister Sun

Deshalb bezieht ein geschickter Krieger eine Stellung auf einem Terrain, auf dem er unbesiegbar ist, und übersieht die Bedingungen nicht, die einen Gegner der Niederlage preisgeben.

Li Quan

Die Armee, die ihr Terrain findet, ist erfolgreich; die Armee, die ihr Terrain verliert, geht zugrunde. Hier bedeutet Terrain einen strategisch wichtigen Ort.

Du Mu

Ein Terrain, auf dem du nicht verlieren kannst, bedeutet eine unbesiegbare Strategie, die es dem Gegner unmöglich macht, dir eine Niederlage zuzufügen. Übersiehst du die Bedingungen nicht, die einen Gegner der Niederlage preisgeben, so bedeutet dies, daß du die verwundbaren Punkte des Gegners erspähst, ohne auch nur einen zu übersehen.

Meister Sun

Daher gewinnt eine siegreiche Armee zuerst und sucht dann erst den Kampf; eine besiegte Armee zieht zuerst in den Kampf und strebt dann nach dem Sieg.

Cao Cao

Dies ist der Unterschied zwischen jenen, die über eine Strategie verfügen, und jenen, denen es an Vorbedacht mangelt.

He Yanxi

In einer militärischen Unternehmung lege zuerst eine gewinnversprechende Strategie fest; danach sende deine Truppen aus. Planst du nicht im voraus, sondern hoffst du, dich auf deine Stärke verlassen zu können, ist dein Sieg ungewiß.

Jia Lin

Wenn du deine Schlachtreihen aufstellst und leichtfertig vorrückst, ohne deine eigene Verfassung oder die deines Gegners zu kennen, dann magst du zwar den Sieg anstreben, aber letzten Endes wirst du dir selbst eine Niederlage zufügen.

Meister Sun

Jene, die die Waffen geschickt einsetzen, kultivieren das Tao und halten die Regeln ein. Daher können sie so regieren, daß sie über die Korrupten obsiegen.

Cao Cao

Jene, die die Waffen geschickt einsetzen, kultivieren zuerst das Tao, das sie unbesiegbar macht, halten die Regeln ein und verfehlen keine defätistische Verwirrung bei ihrem Gegner.

Li Quan

Du bedienst dich der Harmonie, um jede Opposition zu unterbinden, du greifst kein schuldloses Land an, du nimmst niemanden gefangen und machst keine Beute, wo immer die Armee auch hingeht; du fällst keine Bäume und vergiftest keine Brunnen; du wäschst und reinigst die Schreine in den Städten und Hügeln der Gegend, durch die du kommst, ohne die Fehler einer zum Scheitern verurteilten Nation zu wiederholen – all dies nennt man das Tao und seine Regeln. Wenn strenge Disziplin in der Armee herrscht, so daß die Soldaten lieber sterben als ungehorsam sein würden, dann gelten Belohnungen und Bestrafungen, die glaubwürdig und gerecht sind. Wenn eine militärische Führung so beschaffen ist, daß sie all das erreichen kann, wird sie die korrupte Zivilregierung eines Gegners besiegen können.

Meister Sun

Es gibt fünf Regeln der Kriegskunst: Messungen, Schätzungen, Analysen, Vergleiche und Sieg. Das Terrain führt zu Messungen, Messungen führen zu Schätzungen, Schätzungen führen zu Analysen, Analysen führen zu Vergleichen, Vergleiche führen zum Sieg.

Cao Cao

Wenn du die Messungen vergleichst, erkennst du, wo Sieg und Niederlage liegen.

Wang Xi

Das Schwere behauptet sich gegen das Leichte.

Meister Sun

Daher ist eine siegreiche Armee wie ein Pfund, aufgewogen gegen ein Gramm; eine unterlegene Armee ist wie ein Gramm, aufgewogen gegen ein Pfund.
Wenn die siegreiche Seite ihr Volk dazu bringt, in die Schlacht zu ziehen, als würde sie eine aufgestaute Wasserflut in eine tiefe Schlucht lenken, dann ist dies eine Sache der Formation.

Du Mu

Wenn sich Wasser in einer tiefen Schlucht ansammelt, vermag niemand seine Menge zu messen, genauso wie deine Verteidigung keine Form an den Tag legt. Wenn das Wasser freigesetzt wird, ergießt es sich in einem reißenden Strom, genauso wie dein Angriff unaufhaltsam ist.

5. Kraft

Wang Xi

Mit Kraft sind Verlagerungen der angehäuften Energie oder Wucht gemeint. Geschickte Krieger sind fähig, die Wucht den Sieg für sie erringen zu lassen, ohne daß sie ihre Stärke einsetzen müssen.

MEISTER SUN

Die Führung einer großen Anzahl ist wie die Führung einer kleinen Anzahl; es ist eine Sache der Aufteilung in Gruppen. Ein Kampf gegen eine große Anzahl ist wie ein Kampf gegen eine kleine Anzahl; es ist eine Sache der Formen und Zeichen.

Cao Cao

Formen und Zeichen bezieht sich auf die Formationen und Signale, die bei der Aufstellung der Truppen und der Koordination ihrer Bewegungen benützt werden.

MEISTER SUN

Will man eine Armee in die Lage versetzen, es mit einem Gegner aufzunehmen, ohne zu unterliegen, so ist dies eine Sache von unkonventionellen und konventionellen Methoden.

Jia Lin

Wenn du direkt auf deinen Gegner triffst, kannst du in jedem Fall mit aufeinander abgestimmten, überraschenden Rundumangriffen gewinnen. So wirst du nie verlieren.

He Yanxi

Ein Truppenkörper macht unendlich viele Verwandlungen durch, bei denen alles mit allem verschmilzt. Nichts ist konventionell, nichts ist unkonventionell. Wird das Heer für eine gerechte Sache aufgestellt, dann ist dies konventionell. Paßt es sich angesichts des Feindes dem Wandel an, dann ist dies unkonventionell. Trachte danach, daß der Feind das, was für dich konventionell ist, als unkonventionell ansieht; trachte danach, daß der Feind das, was für dich unkonventionell ist, als konventionell ansieht. Das Konventionelle ist auch unkonventionell, und das Unkonventionelle ist auch konventionell. Im allgemeinen existiert in militärischen Unternehmungen sowohl das Konventionelle als auch das Unkonventionelle, oder das Direkte und die Überraschung – ein Sieg, bei dem nicht beides zum Einsatz kommt, ist ein glücklicher Sieg in einer Situation, die einem Aufruhr gleichkommt.

Zhang Yu

Verschiedene Menschen vertreten unterschiedliche Auffassungen darüber, was konventionell und was unkonventionell ist. Das Konventionelle und das Unkonventionelle sind nichts Feststehendes, sondern gleichen einem Kreis. Kaiser Taizong der Tang-Dynastie, ein berühmter Krieger und Beamter, sprach davon, die Vorstellungen des Gegners vom Konventionellen und Unkonventionellen zu manipulieren und ihn dann unerwartet anzugreifen, denn dadurch, daß du beides zu einem verschmilzt, wirst du unergründlich für den Gegner.

Meister Sun

Die Wucht der Streitkräfte gleicht Steinen, die man gegen Eier wirft: Dies ist eine Sache von Leere und Fülle.

Cao Cao

Greife eine vollkommene Leere mit vollkommener Fülle an.

Zhang Yu

In einem späteren Kapitel heißt es, daß der gute Krieger die anderen veranlaßt, auf ihn zuzukommen, und nicht von sich aus auf andere zugeht. Dies ist das Prinzip von Leere und

Fülle des anderen und seiner selbst. Wenn du den Gegner veranlaßt, auf dich zuzugehen, dann ist seine Kraft immer leer; solange du nicht auf ihn zugehst, ist deine Kraft immer erfüllt. Leere mit Fülle anzugreifen ist, als würdest du Steine auf Eier werfen – die Eier können nicht anders als zerbrechen.

MEISTER SUN

Im Kampf führt das Direkte zur Konfrontation, das Überraschende führt zum Sieg.

Cao Cao

In der direkten Konfrontation stehst du dem Feind von Angesicht zu Angesicht gegenüber, Überraschungsmanöver greifen unerwartet in den Flanken an.

MEISTER SUN

Deshalb sind jene, die das Unkonventionelle geschickt einsetzen können, unendlich wie Himmel und Erde und unerschöpflich wie Flüsse und Ströme. Kommen sie an ein Ende, beginnen sie von neuem, wie Sonne und Mond; sie sterben und werden wiedergeboren wie die vier Jahreszeiten.

Li Quan

Himmel und Erde stehen für Bewegung und Stille. Flüsse und Ströme symbolisieren das endlose Fließen. Die Veränderungen der unkonventionellen, überraschenden Bewegungen gleichen dem unendlichen Wandel im Kreislauf des Wetters.

Zhang Yu

Sonne und Mond wandern über den Himmel, sie gehen unter und gehen wieder auf. Die vier Jahreszeiten folgen aufeinander, entfalten sich und vergehen. Dies ist eine Metapher für den Wechsel zwischen unorthodoxen Überraschungsmanövern und konventionellen direkten Konfrontationen, die zu einem Ganzen verschmelzen und unaufhörlich enden und wieder beginnen.

MEISTER SUN

Es gibt nur fünf Noten in der Tonleiter, aber ihre Variationen sind so zahlreich, daß man sie nicht alle hören kann. Es existieren nur fünf Grundfarben, aber ihre Variationen sind so zahlreich, daß man sie nicht alle sehen kann. Es gibt nur fünf Geschmacksrichtungen, aber ihre Variationen sind so zahlreich, daß man sie nicht alle schmecken kann. Es gibt nur zwei Arten von Angriff, den unkonventionellen Überraschungsangriff und den konventionellen direkten Angriff, aber die Variationen des Konventionellen und Unkonventionellen sind sonder Zahl. Das Unkonventionelle und das Konventionelle bedingen einander, wie ein Kreis ohne Anfang und ohne Ende – wer könnte sie je ermüden?

Mei Yaochen

Die Vielfältigkeit der sich anpassenden Bewegungen ist unendlich.

Wang Xi

Der Gegner vermag dich nicht zu ermüden.

MEISTER SUN

Wenn die Geschwindigkeit des tosenden Wassers den Punkt erreicht, an dem es Felsblöcke mitreißen kann, dann liegt es an seiner Wucht. Wenn die Geschwindigkeit eines Falken so groß ist, daß er zuschlagen und töten kann, dann liegt es an seiner Genauigkeit. Genauso verhält es sich mit einem vortrefflichen Krieger – seine Kraft ist schnell, seine Genauigkeit geht nicht fehl, seine Kraft gleicht einer straff gespannten Armbrust, seine Genauigkeit gleicht dem Auslösen des Abzugs.

Du Mu

Seine Kraft ist insofern schnell, als die Wucht einer Schlacht tötet, wenn sie freigesetzt wird – daher wird sie mit einer gespannten Armbrust verglichen.

Meister Sun

Unordnung entsteht aus Ordnung, Feigheit entsteht aus Mut, Schwäche entsteht aus Stärke.

Li Quan

Wenn du dich auf die Ordentlichkeit der Regierung verläßt und es versäumst, für das Wohlergehen der Untergebenen zu sorgen und so den Unmut schürst, wird mit Gewißheit Unordnung entstehen.

Jia Lin

Wenn du dich auf die Ordnung verläßt, wird Unordnung entstehen. Wenn du dich auf Mut und Stärke verläßt, werden Zaghaftigkeit und Schwäche entstehen.

Du Mu

Dies bedeutet folgendes: Wenn du Unordnung vortäuschen willst, um den Gegner zu locken, mußt du zuerst völlige Ordnung herstellen, denn nur dann wird es dir gelingen, eine künstliche Unordnung zu schaffen. Willst du Feigheit vortäuschen, um dem Gegner nachzuspionieren, mußt du zuerst äußerst tapfer sein, denn nur dann kannst du künstliche Feigheit zeigen. Wenn du Schwäche vortäuschen willst, um Hochmut im Gegner zu bewirken, mußt du zuerst äußerst stark sein, denn nur dann kannst du schwach erscheinen.

Meister Sun

Ordnung und Unordnung sind eine Frage der Organisation; Mut und Feigheit sind eine Frage des Kräftepotentials, Stärke und Schwäche sind eine Frage der Formation.

Wang Xi

Ordnung und Unordnung sind ein Wandel in der Organisation. Organisation bedeutet planmäßige Anpassung. Mut und Feigheit sind ein Wandel im Kräftepotential. Stärke und Schwäche sind ein Wandel in der Formation.

Li Quan

Wenn eine Armee die Macht der Umstände auf ihrer Seite hat, dann wird selbst der Feige tapfer; wenn sie die Macht der Umstände verliert, dann wird selbst der Tapfere feige. Nichts ist festgelegt in den Gesetzen des Krieges - sie entwickeln sich aufgrund der jeweiligen Kräfteverhältnisse.

Chen Hao

Der Tapfere handelt schnell, während der Feige sich Zeit läßt. Wenn der Gegner sieht, daß du dich nicht vorwärts bewegst, werden sie annehmen, du seist feige, und dich nicht ernst nehmen. Dann kannst du ihre Nachlässigkeit ausnützen und die Situation ausnützen, um sie anzugreifen.

Meister Sun

Daher beziehen jene, die den Gegner geschickt zu Bewegungen veranlassen, Stellungen, denen sich der Gegner anpassen muß; sie bieten dem Gegner etwas, was er mit Gewißheit annehmen wird. Sie veranlassen den Gegner zu Bewegung, indem sie ihm einen Vorteil vorgaukeln, und warten auf ihn im Hinterhalt.

Cao Cao

Formationen, denen sich der Gegner anpassen muß, sind Formationen, die den Eindruck der Erschöpfung vermitteln. Einen Gegner kannst du in Bewegung versetzen, indem du ihm einen Vorteil vorgaukelst.

Du Mu

Es bedeutet nicht nur, daß sie den Eindruck der Erschöpfung und Schwäche vermitteln. Wenn du stärker bist als dein Gegner, erscheine zermürbt, um den Gegner zu veranlassen, auf dich zuzukommen. Wenn du schwächer als dein Gegner bist, erscheine stark, um den Gegner zum Rückzug zu veranlassen. So entsprechen die Bewegungen des Gegners deiner Absicht. Versetzt du den Gegner mit der Aussicht auf einen Vorteil in Bewegung, erwarte ihn, der dir folgt, in einem Hinterhalt mit wohlvorbereiteten Streitkräften.

Wang Xi

Ob du nun deinen Gegner dazu bringst, dir zu folgen oder etwas von dir anzunehmen, überzeuge dich doch immer davon, daß du über ausgezeichnete Truppen verfügst, die als erste bereit sind.

Meister Sun

Deshalb sucht der gute Krieger die Wirksamkeit in der Schlacht im Zusammenspiel der Kräfte und nicht im einzelnen Individuum. Deshalb ist er fähig, andere auszuwählen und die Umstände für sich arbeiten zu lassen.

Li Quan

Wenn du die Macht der Umstände auf deiner Seite hast, kann selbst der Feige mutig sein. Daher ist es möglich, die Leute nach ihren Begabungen auszuwählen und jedem die ihm angemessene Verantwortung zu übertragen. Der Tapfere kann kämpfen, der Sorgfältige kann Wache halten, der Intelligente kann für die Verständigung sorgen. Keiner ist nutzlos.

Mei Yaochen

Es ist ein leichtes, Leute dazu zu bewegen, im Zusammenspiel der Kräfte zu handeln, während es schwierig ist, Einsatz vom einzelnen zu fordern. Der Fähige muß die rechten Leute wählen und auch die Macht der Umstände das ihre tun lassen.

Zhang Yu

Die Regel über das Abgeben von Verantwortung besteht darin, Gier und Torheit, Intelligenz und Tapferkeit auszunützen und so die natürlichen Kräfte des einzelnen zu berücksichtigen. Es bedeutet, die Menschen nicht für das zu tadeln, dessen sie nicht fähig sind, sondern für sie ihrem Vermögen entsprechende Verantwortungsbereiche zu suchen.

Meister Sun

Wenn man Menschen veranlaßt zu kämpfen, indem man das Zusammenspiel der Kräfte ausnützt, ist es, als würde man

Langhölzer oder Felsen rollen. Es ist die Natur der Langhölzer und Felsen, sich nicht zu bewegen, wenn sie auf ebenem Grund liegen, aber zu rollen, sobald sie auf einen Abhang geraten. Sie bleiben liegen, wenn sie viereckig sind, sie rollen, wenn sie rund sind. Wenn Menschen also geschickt in den Kampf geführt werden, gleicht ihre Schlagkraft der von runden Felsen, die einen Berg hinabrollen - dies ist Kraft.

Du Mu

Laß Felsen einen zehntausend Fuß hohen Berg hinunterrollen, und nichts kann ihnen Einhalt gebieten. So verhält es sich aufgrund der Berge, nicht der Felsen. Bring die Menschen dazu, mit jenem Mut zu kämpfen, der sie jedes Mal gewinnen läßt, und die Starken und Schwachen vereinen sich. So geschieht dies dank des Zusammenspiels der Kräfte, nicht der Kraft des einzelnen.

6. Leere und Fülle

Du Mu

Krieger vermeiden die Fülle und greifen die Leere an, daher müssen sie also zuerst in den anderen und in sich selbst Leere und Fülle erkennen.

Meister Sun

Jene, die sich als erste am Schlachtfeld einfinden und den Gegner erwarten, sind entspannt; jene, die als letzte am Schlachtfeld eintreffen und sich übereilt in den Kampf stürzen, verausgaben sich.

Jia Lin

Jene, die als erste an einem vorteilhaften Ort Stellung beziehen und dort den Gegner erwarten, sind vorbereitet, daher sind ihre Truppen entspannt. Hat der Gegner eine vorteilhafte Position inne, dann solltest du nicht auf ihn zugehen, sondern deine Truppen an einen anderen Stützpunkt zurückziehen und so tun, als wolltest du der gegnerischen Armee nicht entgegentreten. Der Gegner wird dann denken, daß du über keine Strategie verfügst; er wird hervorpreschen und dich angreifen. Dann kannst du den Dingen eine Wendung geben und den Gegner ermüden, ohne dich selbst zu zermürben.

Meister Sun

Deshalb veranlassen begabte Krieger die anderen, auf sie zuzukommen, und gehen nicht von sich auf andere zu.

Du Mu

Wenn du Gegner dazu bringst, auf dich zuzugehen, solltest du ihre Stärke bewahren und auf sie warten; geh nicht auf die Gegner zu, um zu vermeiden, dich selbst aufzureiben.

Zhang Yu

Wenn du den Gegner veranlaßt, in den Kampf einzutreten, dann wird seine Kraft immer leer sein. Wenn du dich nicht in den Kampf begibst, dann wird deine Kraft immer erfüllt sein. Dies ist die Kunst, wie du den anderen leeren und dich selbst erfüllen kannst.

MEISTER SUN

Was den Gegner dazu bewegt, sich zu nähern, ist die Aussicht auf Vorteil. Was den Gegner vom Kommen abhält, ist die Aussicht auf Schaden.

He Yanxi

Locke sie mit irgendeinem Vorteil, und die Feinde werden erschöpft sein, während du dich wohlfühlst.

Zhang Yu

Der einzige Weg, den Gegner zu veranlassen, auf dich zuzukommen, ist der, ihn mit der Aussicht auf einen Vorteil zu locken. Der einzige Weg, sicherzustellen, daß der Gegner sich dir nähert, ist der, ihm dort zu schaden, wo es ihn trifft.

Cao Cao

Um den Gegner zu dir zu führen, locke ihn mit einem Vorteil. Um ihn von dir abzuhalten, greife ihn dort an, wo er sich mit Sicherheit schützen will.

Du You

Wenn du den Gegner in die Flucht schlagen kannst, während du einen wichtigen Paß besetzt hast, kannst du es ihm unmöglich machen, sich dir anzunähern. Wie heißt es doch: »Eine Katze vor dem Loch, und zehntausend Mäuse wagen es nicht herauszukommen; ein Tiger im Tal, und zehntausend Hirsche können es nicht durchqueren.«

MEISTER SUN

Wenn der Gegner also ausgeruht ist, ist es möglich, ihn zu ermüden. Ist er wohlgenährt, ist es möglich, ihn auszuhun-

gern. Verhält er sich ruhig, ist es möglich, ihn in Bewegung zu versetzen.

Cao Cao

Bereite ihm mit irgendeiner Sache Schwierigkeiten, schneide ihm seine Nachschubrouten ab, um ihn auszuhungern, greife an, was ihm am Herzen liegt, und erscheine dort, wohin er gehen will – so kannst du ihn dazu bringen, helfend einzugreifen.

Li Quan

Du greifst unerwartet an und reibst deinen Gegner auf, der um sein Leben laufen muß. Du verbrennst seinen Nachschub, verwüstest seine Felder und unterbrichst seine Nachschubrouten. Du erscheinst an kritischen Stellen und schlägst zu, wenn dein Feind es am wenigsten erwartet, so daß er gezwungen ist, sich zu wehren.

Du Mu

Die Kunst, einen Gegner auszuhungern, beschränkt sich nicht nur darauf, seine Nachschublinien abzuschneiden. Im späten sechsten Jahrhundert führte Yuwen Huaji eine Armee an, um Li Mi anzugreifen. Li Mi wußte, daß es Huaji an Nachschub mangelte. Daher tat er, als würde er sich mit ihm verbünden wollen; in Wirklichkeit wollte er dessen Truppen entkräften. Huaji war entzückt und gab seinen Soldaten zu essen, was sie nur wollten, denn er erwartete, daß Li Mi ihnen Nachschub liefern würde. Daraufhin gingen die Vorräte aus, und die Generäle aus Li Mis Armee, die vorgetäuscht hatten, sich mit Huaji zu verbünden, kehrten mit ihren Truppen zu Li Mis Lager zurück. Dies führte schließlich zu Huajis Niederlage.

Meister Sun

Erscheine, wo dein Gegner nicht hingelangen kann; eile dorthin, wo er dich am wenigsten erwartet. Willst du tausend Meilen zurücklegen, ohne zu ermüden, dann durchquere Gebiete, wo der andere nicht hinkommt.

Cao Cao

Mach es dem Feind unmöglich, dorthin zu gelangen, wo Hilfe gebraucht wird. Erscheine, wo sich eine Öffnung auftut, und greife an, wo sich eine Lücke zeigt; meide die Stellen, wo er Wache hält; schlage zu, wo er dich nicht erwartet.

Chen Hao

Eine Lücke anzugreifen bedeutet nicht nur, eine Stelle anzugreifen, die der Feind nicht verteidigt. Solange die Verteidigung nicht lückenlos und die Stellung nicht scharf bewacht ist; solange die Generäle schwach und die Truppen ungeordnet sind; solange der Nachschub unzureichend und die Streitkräfte isoliert sind, werden die Reihen deiner Gegner vor dir in Auflösung geraten, wenn du ihnen nur mit einer geordneten, wohlvorbereiteten Armee entgegentrittst. Auf diese Art und Weise brauchst du keine Mühsal und kein Leid auf dich zu nehmen, denn es ist, als würdest du unbesiedeltes Gebiet durchqueren.

Meister Sun

Willst du sicher gehen, daß du auch erobern kannst, was du angreifst, dann greife Stellungen an, die nicht verteidigt werden. Willst du sicher gehen, daß du auch halten kannst, was du verteidigst, dann verteidige Stellungen, die nicht angegriffen werden können.

Du Mu

Ist dein Gegner wachsam in seiner östlichen Flanke, dann schlage in seiner westlichen Flanke zu. Ködere ihn von vorne und greife von hinten an.

Li Quan

Es ist leicht, jene zu überwältigen, die nicht vorausgedacht haben.

Chen Hao

Zähle nicht darauf, daß der Gegner nicht angreift; sei besorgt darüber, daß du selbst nicht genügend vorbereitet sein könntest. Wenn du überall angreifen und dich überall verteidigen kannst, dann ist deine militärische Strategie vollkommen.

Wang Xi

Greife dort an, wo sich beim Gegner Lücken zeigen: Unfähigkeit auf seiten der militärischen Führung, Mangel an Training bei den Truppen, Unzulänglichkeit der Befestigungen, Mangel an Genauigkeit bei den Vorbereitungen, Unfähigkeit, helfend einzugreifen, Nahrungsknappheit, innere Uneinigkeit. Verteidige kraft deiner Fülle: durch eine fähige militärische Führung, die Vortrefflichkeit der Soldaten, die Unbezwingbarkeit der Befestigungen, die Genauigkeit der Vorbereitungen, die Fähigkeit, helfend einzugreifen, den Reichtum an Proviant, den inneren Zusammenhalt.

Zhang Yu

Jene, die es verstehen anzugreifen, bewegen sich in den Höhen des Himmels und machen es dem Gegner unmöglich, sich auf sie vorzubereiten. Wenn sich niemand auf dich vorbereiten kann, dann ist alles, was du angreifst, ungesichert. Jene, die es verstehen, sich zu verteidigen, verbergen sich in den Tiefen der Erde und machen es dem Gegner unmöglich, sie zu ergründen. Bist du unergründlich, dann wird der Gegner nicht angreifen, was du beschützt.

Meister Sun

Deshalb weiß der Gegner bei jenen, die geschickt anzugreifen wissen, nicht, wo er sich verteidigen soll. Bei jenen, die es verstehen, sich zu verteidigen, weiß der Gegner nicht, wo er angreifen soll.

Cao Cao

Dies bedeutet, daß keine wahrheitsgetreue Information nach außen sickert.

Jia Lin

Wenn Anweisungen ausgeführt werden und sich das Volk aus ganzem Herzen loyal verhält; wenn die Vorbereitungen für die Verteidigung abgesichert sind und du doch so feinfühlig und verschwiegen bist, daß du keine Form verrätst, dann ist der Gegner verunsichert – dann helfen auch all seine Kundschafter nichts.

Mei Yaochen

Jene, die vortrefflich im Angriff sind, lassen die Geheimnisse ihres Einsatzes nicht nach außen dringen. Jene, die sich zu verteidigen wissen, treffen gründliche Vorbereitungen, die lückenlos sind.

Meister Sun

Sei unendlich subtil, ja geh bis an die Grenzen des Formlosen. Sei unendlich geheimnisvoll, ja geh bis an die Grenzen des Lautlosen. So kannst du Herr über das Schicksal des Gegners sein.

Du Mu

Das Subtile ist Stille, das Geheimnisvolle ist Bewegung. Stille ist Verteidigung, Bewegung ist Angriff. Ob der Gegner überlebt oder zugrunde geht, liegt an dir; deshalb scheint es, als wärest du der Herrscher über sein Schicksal.

Du You

Dies bedeutet, so subtil zu sein, daß dich niemand mehr wahrnehmen kann, und fähig zu sein, dich so unvermutet zu wandeln wie ein geheimnisvoller Geist.

Mei Yaochen

Formlosigkeit heißt, so subtil und verborgen zu sein, daß dich niemand auskundschaften kann. Lautlosigkeit bedeutet, daß du so geheimnisvoll schnell bist, daß dich niemand bemerkt.

Meister Sun

Um unaufhaltsam vorrücken zu können, stoß durch seine Lücken vor. Um dich unbemerkt zurückziehen zu können, sei schneller als er.

He Yanxi

Wenn deine Streitkräfte beim Vorrücken in die Lücken des Gegners einbrechen und sie beim Rückzug ihre Schnelligkeit ausnützen, dann kannst du den Feind besiegen, aber der Feind kann dich nicht besiegen.

Zhang Yu

Wenn du in einer unentschiedenen Situation vorpreschst und zuschlägst, sobald du eine Lücke siehst, wie kann dich der Feind dann abwehren? Wenn du die Vorteile auf deiner Seite hast, dann zieh dich zurück und eile in deine Stellung zurück, um dich selbst zu verteidigen – wie kann dich der Feind dann verfolgen? Kampfbedingungen werden von der Schnelligkeit bestimmt – komme wie der Wind, geh wie der Blitz, und der Gegner wird unfähig sein, dich zu überwältigen.

Meister Sun

Suchst du also den Kampf, so mag sich der Feind noch so sehr in der Verteidigung verschanzen, er wird dem Kampf nicht ausweichen können, wenn du jene Stellen angreifst, zu deren Schutz er sich gezwungen sieht.

Cao Cao und Li Quan

Schneide ihre Nachschubrouten ab, überwache ihre Rückzugswege und greife ihre zivile Führung an.

Du Mu

Wenn du dich auf heimatlichem Gebiet befindest und der Feind der Eindringling ist, dann unterbrich seine Nachschublinien und überwache seine Rückzugsrouten. Wenn du dich auf gegnerischem Gebiet befindest, dann greife die zivile Führung an.

Meister Sun

Willst du den Kampf vermeiden, dann kann der Feind nicht mir dir kämpfen, selbst wenn du zur Verteidigung nur eine Linie auf dem Boden ziehst, denn du führst ihn auf die falsche Spur.

Li Quan

Führe den Gegner auf die falsche Spur, indem du ihn so täuschst, daß er nicht mehr imstande ist, mit dir zu kämpfen.

Du Mu

Dies bedeutet, daß du mit dem Gegner nicht kämpfst, wenn er dich angreifen will, sondern dich vielmehr einer strategischen List bedienst, um ihn zu verwirren und zu verunsichern. So lenkst du ihn von seiner ursprünglichen Absicht ab, worauf er zögert, mit dir zu kämpfen.

Zhang Yu

Wenn du dich auf heimatlichem Gebiet befindest und verglichen mit der Anzahl deiner Soldaten über reichlich Proviant verfügst, während der Gegner auf fremdem Gebiet steht und verglichen mit der Anzahl seiner Soldaten nur über wenig Proviant verfügt, dann ist es für dich von Vorteil, nicht zu kämpfen. Wenn du sichergehen willst, daß es der Gegner nicht wagt, sich auf einen Kampf einzulassen, obwohl deine Befestigungen nicht besonders stark sind, dann konfrontiere ihn mit einer Situation, die ihn verwirrt und von seiner ursprünglichen Absicht ablenkt. Als zum Beispiel Sima Yi Zhuge Liang angreifen wollte, strich Zhuge die Flaggen und tat seine Schlachttrommeln beiseite, öffnete die Tore und kehrte die Straßen. Sima vermutete einen Hinterhalt, zog seine Truppen ab und ergriff die Flucht.

Meister Sun

Wenn du also den anderen dazu bewegen kannst, eine Formation zu bilden, während du selbst formlos bist, dann sind deine Kräfte konzentriert, während die des Gegners zersplittert sind.

Zhang Yu

Was für dich konventionell ist, laß für den Gegner unkonventionell erscheinen; was für dich unkonventionell ist, laß konventionell erscheinen. Dies heißt es, den anderen dazu zu verleiten, eine Formation aufzubauen. Wenn es dir gelingt, das Unkonventionelle zu benützen, als wäre es das Konventionelle, und das Konventionelle zu benützen, als wäre es das Unkonventionelle, wenn du dich in Windeseile wandelst und für den Gegner unergründlich bleibst, dann bist du formlos. Sobald die Formation des Gegners sichtbar wird, ziehe deine Truppen gegen ihn zusammen. Da deine Form nicht erkennbar ist, wird der Gegner gewiß seine Streitkräfte aufspalten, um sich abzusichern.

MEISTER SUN

Wenn du konzentriert als Einheit auftrittst, während die gegnerischen Kräfte in zehn Teile gespalten sind, greifst du als Einheit ein Zehntel der gegnerischen Kräfte an. Daher bist du dem Gegner zahlenmäßig überlegen.

Zhang Yu

Wenn du erkennst, wo der Gegner seine Stärken und wo er seine Schwächen hat, dann mußt du keine ausgeklügelten Vorbereitungen treffen und bist daher in einer Garnison konzentriert. Der Gegner aber, der deine Form nicht erkennen kann, teilt sich auf, um viele Punkte abzudecken – daher kannst du mit deiner gesammelten Kraft einzelne Teile der gegnerischen Kräfte angreifen. So bist du ihm zwangsläufig zahlenmäßig überlegen.

MEISTER SUN

Wenn du mit der Mehrzahl die Minderzahl angreifen kannst, dann wirst du die Anzahl derer, mit denen du kämpfst, niedrig halten.

Du Mu

Während du tief verschanzt bist und dich hinter hohen Barrikaden verbirgst und keine Information über dich bekannt werden läßt, geh formlos ein und aus, greife an und erobere, ohne daß du für andere faßbar wärest. Verfolge und verwirre deinen Feind so sehr, daß er seine Truppen aus Angst aufteilt und versucht, sich auf allen Seiten abzuschirmen. Es ist, als würdest du einen hohen Berg erklimmen, um eine Festung auszukundschaften – während du hinter einem Dunstschleier verborgen Ausschau hältst, bringst du alles über die Aufstellung des Feindes in Erfahrung, der Feind jedoch kann sich kein Bild von deiner Verteidigung oder deinem Angriff machen. Deshalb können deine Kräfte gebündelt sein, während die des Gegners aufgesplittert sind. Die Macht jener, die geeint sind, ist ungebrochen und ganz, während die Macht jener, die aufgespalten sind, vermindert ist. Greifst du eine verminderte Macht mit ganzer Macht an, wird es dir immer möglich sein zu siegen.

MEISTER SUN

Der Ort, an dem du kämpfen willst, darf nicht bekannt werden, denn wenn er nicht bekannt wird, muß der Feind viele Vorposten aufstellen. Und wenn viele Vorposten aufgestellt werden, mußt du nur gegen kleine Gruppen kämpfen.

Cao Cao

Wenn deine Form verborgen bleibt, ist der Gegner verunsichert und spaltet daher seine Kompanien auf, um sich gegen dich schützen zu können. Dies bedeutet, daß die gegnerischen Gruppen klein und leicht zu schlagen sind.

Wang Xi

Laß den Gegner nicht wissen, wo du angreifen wirst, denn wenn er es weiß, wird er seine ganze Stärke aufbieten, um dir standhalten zu können.

MEISTER SUN

Wenn also die Frontlinie gerüstet ist, ist die Nachhut geschwächt, und wenn die Nachhut gerüstet ist, ist die Frontlinie geschwächt. Wenn die linke Flanke gerüstet ist, ist die rechte geschwächt; wenn die rechte Flanke gerüstet ist, ist die linke geschwächt. Überall gerüstet zu sein bedeutet, überall geschwächt zu sein.

Du You

Dies bedeutet, daß die Truppen zwangsläufig in kleine Verbände zersplittert sein müssen, wollen sie viele Stellen sichern.

MEISTER SUN

Die Truppen sind dann in der Minderzahl, wenn sie sich gegen die anderen verteidigen müssen; sie sind dann in der Mehrzahl, wenn sie die anderen dazu bringen, sich gegen sie zu verteidigen.

Mei Yaochen

Je mehr du deinen Gegner nötigst, Verteidigungsstellungen gegen dich zu errichten, desto ärmer ist er dran.

MEISTER SUN

Wenn du also Ort und Zeit der Schlacht weißt, kannst du dich der Herausforderung aus einer Entfernung von tausend Meilen stellen. Wenn du Ort und Zeit der Schlacht nicht kennst, dann kann deine linke Flanke deiner rechten nicht beistehen, deine rechte kann deiner linken nicht beistehen, deine Vorhut kann deiner Nachhut nicht beistehen und deine Nachhut kann deiner Vorhut nicht beistehen, auch wenn die Entfernung nur ein paar Dutzend Meilen beträgt.

Du You

Der alte Philosoph Meister Guan sagt: »Zieh ohne eine wirksame Strategie in den bewaffneten Kampf, und du wirst dich selbst in der Schlacht vernichten.«

MEISTER SUN

Nach meiner Einschätzung magst du ja über viel mehr Truppen verfügen als die anderen, aber wie kann dir das zum Sieg verhelfen?

Li Quan

Wenn du Ort und Zeit des Kampfes nicht kennst, dann mögen deine Truppen den anderen zwar zahlenmäßig überlegen sein, aber wie kannst du wissen, ob du siegen oder unterliegen wirst?

Meister Sun

Daher heißt es, daß auf den Sieg hingearbeitet werden kann.

Meng Shi

Wenn du deinen Gegner Ort und Zeit des Kampfes nicht wissen läßt, dann kannst du immer siegreich sein.

Meister Sun

Selbst wenn der Gegner in großer Zahl auftritt, kannst du ihn dazu veranlassen, nicht zu kämpfen.

Jia Lin

Der Gegner mag in noch so großer Zahl auftreten, aber er wird keine Zeit finden, um Schlachtpläne auszuarbeiten, wenn du ihn über den Zustand deiner Truppen im unklaren läßt und er ständig in Bewegung bleiben und versuchen muß, sich selbst zu schützen.

Zhang Yu

Spalte seine Truppen und laß ihn nicht mit geeinter Kraft vorpreschen - wie könnte dann jemand mit dir kämpfen wollen?

Meister Sun

Analysiere deinen Gegner, um seine Pläne in Erfahrung zu bringen, seine erfolgreichen genauso wie seine fehlgeschlagenen. Bring ihn zum Handeln, um die Muster von Bewegung und Innehalten bei ihm herauszufinden.

Meng Shi

Analysiere die Verhältnisse des Gegners, beobachte, was er tut, und du kannst seine Pläne und Maßnahmen herausfinden.

Chen Hao

Tu etwas für oder gegen deinen Gegner und lenke seine Aufmerksamkeit darauf, damit du die Muster seines aggressiven oder defensiven Verhaltens herausfinden kannst.

Du Mu

Provoziere deinen Gegner, indem du ihn dazu bringst, auf dich zu reagieren. Dann kannst du sein Verhalten beobachten und feststellen, ob bei seinen Truppen Ordnung oder Verwirrung herrscht. Das militärische Genie Wu Qi ersann folgende Strategie, um Generäle zu beurteilen: Laß Elitetruppen mit tapferen jungen Männern einen Angriff durchführen und nach dem Scharmützel die Flucht ergreifen, ohne sie für ihre Flucht zu bestrafen. Dann beobachte das Verhalten des Gegners: Wenn Ruhe und Ordnung herrschen und der Feind den fliehenden Truppen nicht nachsetzt und auch nicht versucht, seinen Vorteil auszunützen und soviel wie möglich an sich zu raffen, so bedeutet dies, daß der General über eine Strategie verfügt. Wenn der Gegner sich aber pöbelhaft verhält und völlig ungeordnet die Fliehenden verfolgt und gierig versucht zu plündern, dann kannst du sicher sein, daß die Anweisungen des Generals nicht ausgeführt werden, und du kannst ihn ohne Zögern angreifen.

Meister Sun

Veranlasse deinen Gegner also, bestimmte Formationen zu bilden, um das Gelände von Leben und Tod erkennen zu können.

Li Quan

Setzt du Guerillatruppen ein, dann magst du deine Banner und Trommeln, die Signale und Zeichen deiner militärischen Organisation, ablegen und den äußeren Anschein von Schwäche benützen, um den Gegner zu verleiten, eine bestimmte Form anzunehmen. Oder du entzündest Lagerfeuer und stellst Banner in einer irreführenden Anordnung auf und benützt den äußeren Anschein von Stärke, um den Gegner zu verleiten, eine bestimmte Form anzunehmen. Wenn du dadurch zugrunde gehst, daß du auf ihn zugehst, und lebst, indem du ihn dazu bringst, auf dich zuzukommen, dann hängen Leben und Tod vom Gelände ab.

Du Mu

Das Gelände von Leben und Tod ist das Schlachtfeld. Wenn du auf einem Gelände des Todes auf den Gegner zugehst, wirst du überleben. Wenn du hingegen auf einem Gelände des Lebens dem Gegner den Rücken zukehrst und weichst, wirst du sterben. Dies bedeutet, daß du viele Methoden einsetzt, um den Gegner zu stören und zu verwirren und um seine Art der Reaktion auf dich zu beobachten. Trittst du ihm dann entsprechend gegenüber, kannst du erkennen, welche Situationen das Überleben sichern und welche den Tod bedeuten.

Meister Sun

Stelle ihn auf die Probe und bringe in Erfahrung, wovon er genug und wovon er zuwenig hat.

Du Mu

Vergleiche, worin deine Stärken liegen und worin die des Gegners liegen; vergleiche, wo du Schwächen hast und wo der Gegner Schwächen hat.

Wang Xi

Vergleiche die Stärke des Gegners mit deiner eigenen, und du wirst wissen, was ausreichend vorhanden ist und woran es mangelt. Danach kannst du die Vorteile eines Angriffs gegen die einer Verteidigung abwägen.

Meister Sun

Daher besteht die höchste Vollendung beim Aufstellen einer Armee darin, Formlosigkeit zu erlangen. Wenn du keine Form hast, kann auch die geheimste Spionage nichts herausfinden, und auch die größte Weisheit vermag keine Strategie zu ersinnen.

Zhang Yu

Bediene dich zuerst der Leere und Fülle, um den Gegner dazu zu veranlassen, eine spezifische Form anzunehmen, während du selbst unergründlich für ihn bleibst und so letzten

Endes Formlosigkeit verwirklichen kannst. Sobald du keine wahrnehmbare Form hast, hinterläßt du auch keine Spuren, denen man folgen könnte. Daher vermögen Spione auch nicht den kleinsten Spalt zu finden, durch den sie hindurchspähen könnten, und die Strategen können keine Pläne in die Tat umsetzen.

MEISTER SUN

Der Sieg, den ich über die Menge aufgrund der Formation erringe, bleibt für die Menge unbegreiflich. Jeder kennt die Form, durch die ich siegreich bin, aber niemand kennt die Form, durch die ich den Sieg sicherstelle.

Mei Yaochen

Die Menge weiß, wann du gewinnst, aber sie weiß nicht, daß der Sieg sich auf die Formationen des Gegners gründet. Sie kennt die Spuren, die ein errungener Sieg hinterläßt, aber sie kennt nicht die abstrakte Form, die den Sieg bewirkt.

Li Quan

Der Sieg in einem Krieg ist für alle offensichtlich, aber die Wisenschaft davon, wie man den Sieg sicherstellt, ist ein unergründliches Geheimnis, das der Allgemeinheit verborgen bleibt.

MEISTER SUN

Daher ist die Form des Sieges in einem Krieg nicht wiederholbar, sondern paßt sich in unendlicher Vielfalt den Umständen an.

Li Quan

Wenn du Veränderungen als angemessen ansiehst, dann wiederhole nicht alte Strategien, um den Sieg zu erlangen.

Du Mu

Welche Formationen auch immer der Gegner bilden wird, ich kann mich ihnen von Anfang an anpassen, um zu siegen.

Meister Sun

Eine militärische Formation ist wie Wasser - die Form des Wassers ist es, Höhen zu vermeiden und nach den Tiefen zu streben. Die Form einer Streitmacht ist es, die Fülle zu vermeiden und die Leere anzugreifen; der Fluß des Wassers ist von der Erde bestimmt, der Sieg einer Streitmacht wird vom Gegner bestimmt.

Li Quan

Wie kannst du den Sieg sicherstellen, wenn du nicht von der Stellung deines Feindes ausgehst? Eine leichte Brigade kann nicht lange durchhalten; belagerst du sie, wird sie sicher verlieren. Eine schwere Brigade wird unweigerlich auf eine Provokation reagieren und sich selbst bloßstellen. Ist die gegnerische Armee zornerfüllt, beschäme sie; ist die Armee stark, laß sie nachlässig werden. Ist der gegnerische General von Stolz erfüllt, erniedrige ihn; ist der General gierig, ködere ihn; ist der General mißtrauisch, spioniere ihm nach – deshalb wird die Art und Weise, wie der Sieg erlangt wird, dem Gegner entsprechend festgelegt.

Meister Sun

Daher hat eine militärische Streitmacht keine feststehende Formation. Wasser kennt keine beständige Form: Wer fähig ist zu siegen, indem er sich dem Gegner entsprechend wandelt und anpaßt, verdient es, ein Genie genannt zu werden.

7. Über den bewaffneten Kampf

Li Quan

Kampf ist das Streben nach Überlegenheit; sobald Leere und Fülle feststehen, magst du mit dem anderen um die Überlegenheit kämpfen.

Wang Xi

Kampf bedeutet Kampf um Überlegenheit; jene, die überlegen sind, sind siegreich. Du solltest zuerst bestimmen, ob du leichte oder schwere Waffen einsetzen willst, und beurteilen, ob du direkt oder indirekt vorgehen willst. Du darfst es dabei dem Gegner nicht erlauben, Nutzen aus deinen eigenen Anstrengungen zu ziehen.

Meister Sun

Gemäß der gewöhnlichen Regel für den Einsatz von Streitkräften erhält der Befehlshaber seine Befehle vom Herrscher. Daraufhin zieht er die Truppen zusammen, sammelt sie und bringt sie in gemeinsamen Quartieren unter. Nichts ist schwieriger als der bewaffnete Kampf.

Zhang Yu

Mit anderen von Angesicht zu Angesicht um die Überlegenheit zu kämpfen, ist die schwierigste Aufgabe in der Welt.

Meister Sun

Die Schwierigkeit im bewaffneten Kampf besteht darin, Fernes in Nahes und Widrigkeiten in Vorteile zu verwandeln.

Cao Cao

Während du dir den Anschein gibst, weit entfernt zu sein, beschleunigst du deinen Schritt und erreichst das Ziel vor deinem Gegner.

Du Mu

Verleite deinen Gegner dazu, es leicht zu nehmen, dann beeile dich.

Meister Sun

Daher laß deinen Gegner einen weiten Weg einschlagen und locke ihn mit der Aussicht auf einen Vorteil. Wenn du dich nach ihm in Bewegung setzt und vor ihm ankommst, beherrschst du die Strategie, Fernes in Nahes zu verwandeln.

Jia Lin

Wenn der Gegner in Wirklichkeit nur einen kurzen Weg zurücklegen muß und es dir aber gelingt, seinen Weg zu verlängern, indem du ihn in unsinnige Unternehmungen treibst, dann kannst du ihn so in die Irre führen, daß es ihm nicht gelingt, den Kampf mit dir zu suchen.

He Yanxi

Setze eine Spezialeinheit ein, um den Gegner in eine unsinnige Verfolgung zu verwickeln; erwecke den Anschein, als sei dein Haupttrupp weit entfernt. Dann schicke eine Streitmacht zum Überraschungsangriff aus, die als erste das Ziel erreicht, obwohl sie sich als letzte auf den Weg gemacht hat.

Meister Sun

Daher wird der bewaffnete Kampf als nützlich angesehen, und daher wird er als gefährlich angesehen.

Cao Cao

Für den Geschickten ist er nützlich, für den Ungeschickten ist er gefährlich.

Meister Sun

Wolltest du das gesamte Heer für den Kampf um Überlegenheit mobilmachen, würde das zuviel Zeit in Anspruch nehmen, wolltest du aber mit einer leicht bewaffneten Armee um den Sieg kämpfen, so käme dies einem Mangel an Ausrüstung gleich.

Bist du also mit leichter Ausrüstung unterwegs und machst du weder bei Tag noch bei Nacht halt, marschierst du doppelt so schnell wie sonst und kämpfst du hundert Meilen entfernt um einen Vorteil, dann werden deine Heerführer in Gefangenschaft geraten. Starke Soldaten werden zuerst ankommen, die müden erst später – in der Regel schafft es einer von zehn.

Jia Lin

Wenn der Weg weit ist, sind die Leute müde; haben sie sich auf dem Marsch verausgabt, dann sind sie erschöpft, während ihr Gegner frisch ist. Dann werden sie sicherlich angegriffen.

MEISTER SUN

Wenn du fünfzig Meilen entfernt um den Sieg ringst, wird die Führung in den vorderen Reihen fallen, und in der Regel wird nur die Hälfte der Soldaten durchkommen.

Wenn du dreißig Meilen entfernt um den Sieg ringst, dann erreichen nur zwei von drei das Ziel.

Eine Armee muß zugrunde gehen, wenn sie keine Ausrüstung hat; sie muß zugrunde gehen, wenn sie keinen Proviant hat; sie muß zugrunde gehen, wenn sie kein Geld hat.

Mei Yaochen

Diese drei Dinge sind unabdingbar - du kannst nicht mit einer Armee, der es an Ausrüstung mangelt, um den Sieg kämpfen.

MEISTER SUN

Wenn du also die Pläne deiner Widersacher nicht kennst, kannst du keine gut informierten Bündnisse schließen.

Cao Cao

Du kannst keine Bündnisse schließen, wenn du nicht die Lage, die Gefühle und Pläne des Gegners kennst.

Du Mu

Nein, dies bedeutet, daß du die Pläne des Widersachers kennen mußt, bevor du mit ihm den Kampf aufnehmen kannst. Wenn du seine Strategie nicht kennst, dann laß dich unter keinen Umständen auf einen Kampf mit ihm ein.

Chen Hao

Beide Interpretationen sind richtig.

Meister Sun

Wenn du Berge und Wälder, Pässe und Schluchten, Sümpfe und Moore nicht kennst, vermagst du eine bewaffnete Streitmacht nicht zu führen. Wenn du keine ortsansässigen Führer einsetzt, kannst du die Vorteile der Gegend nicht ausnützen.

Li Quan

Wenn du dich in feindliches Gebiet begibst, brauchst du Ortsansässige, die dich entlang der bequemsten Routen führen, denn sonst behindern dich Berge und Flüsse und du versinkst im Morast oder findest keinen Zugang zu Quellen und Brunnen. Das meint das *I Ging* mit dem Ausspruch: »Ein Wild ohne Führer zu jagen, führt einen in den Busch.«

Zhang Yu

Nur wenn du die Beschaffenheit des Gebiets in allen Einzelheiten kennst, kannst du Truppenbewegungen durchführen und kämpfen.

Mei Yaochen

Einheimische Führer können gefangengenommen oder rekrutiert werden, aber am günstigsten ist es, sich ausgebildeter, erfahrener Kundschafter zu bedienen, die nicht aus einem bestimmten Gebiet stammen müssen.

Meister Sun

Daher wird eine Streitmacht mit Hilfe von Täuschung aufgestellt, durch Vorteile mobilisiert; durch Teilung und Vereinigung paßt sie sich an.

Du Mu

Eine Streitmacht wird insofern mit Hilfe von Täuschung aufgestellt, als du den Feind täuschst, damit er die bei dir herrschenden Bedingungen nicht erkennt. Dann kannst du die Vormachtstellung erringen. Die Streitmacht wird durch Vorteile mobilisiert, das heißt, sie tritt in Aktion, wenn sie sich davon einen Vorteil verspricht. Du teilst und vereinst deine Kräfte, um den Gegner zu verwirren und um zu beobachten, wie er darauf reagiert. Dann gelingt es dir, dich so anzupassen, daß du den Sieg erringen kannst.

Meister Sun

Wenn sich die Streitmacht schnell bewegt, ist sie wie der Wind; wenn sie sich langsam bewegt, ist sie wie ein Wald. Sie ist raubgierig wie das Feuer und unbeweglich wie die Berge.

Li Quan

Sie ist schnell wie der Wind, indem sie kommt, ohne eine Spur zu hinterlassen, und sich blitzartig zurückzieht. Sie ist wie ein Wald, denn sie ist ebenso geordnet. Sie ist raubgierig wie ein Feuer, das sich über eine Ebene ausbreitet und keinen einzigen Grashalm übrigläßt. Wenn sie in der Garnison liegt, ist sie unbeweglich wie die Berge.

Wang Xi

Sie ist schnell wie der Wind; das bezieht sich auf die Schnelligkeit, mit der sie dort vorstößt, wo sich Lücken auftun.

Du Mu

Sie ist so heftig und wild, daß ihr niemand standhalten kann.

Jia Lin

Wenn sie sich keinen Vorteil vom Handeln verspricht, bleibt sie unbeweglich wie ein Berg, selbst wenn der Gegner versucht, sie herauszulocken.

Meister Sun

Sie ist so schwer zu duchdringen wie die Dunkelheit; ihre Bewegungen sind wie Donnerschläge.

Mei Yaochen

Was so schwer zu durchdringen ist wie die Dunkelheit, ist unauffällig und unergründlich. Was sich wie der Donner bewegt, ist so schnell, daß ihm niemand entkommen kann.

He Yanxi

Du verbirgst deine Strategie, um deine geballte Kraft auf einmal einsetzen zu können.

Meister Sun

Um einen Ort zu plündern, teile deine Truppen auf. Um dein Territorium zu vergrößern, teile deine Beute auf.

Zhang Yu

Die Regel für militärische Unternehmungen besagt, sich so viel Nachschub wie möglich im Feindesland zu beschaffen. In Gegenden, in denen das Volk nicht viel hat, mußt du deine Truppen in kleinere Einheiten aufteilen, damit sie hier und dort das Nötige auftreiben können, denn nur dann wird es genug sein.

Was die Aufteilung der Beute betrifft, so bedeutet dies, die Truppen aufzuteilen, um das Erbeutete zu bewachen und Feinde abzuhalten. Manche meinen, es hieße, eroberte Gebiete unter jenen aufzuteilen, die dir geholfen haben, sie zu erobern, aber ich vermute, daß dies in diesem Zusammenhang nicht gemeint ist.

Meister Sun

Handle nach eingehender Lagebeurteilung. Jener, der zuerst einzuschätzen vermag, welche Wege verschlungen und welche gerade sind, wird siegen – dies ist das Gesetz des bewaffneten Kampfes.

Li Quan

Wer sich zuerst bewegt, ist Gast; wer sich als zuletzt bewegt, ist Hausherr. Der Gast hat es schwer, der Hausherr hat es leicht. Verschlungen und gerade bezieht sich aufs Reisen – beim Reisen begegnest du Müdigkeit, Hunger und Kälte.

MEISTER SUN

Das alte Buch der militärischen Ordnung *besagt: »Da Worte nicht durchdringen, verwendet man Trommeln und Glokken. Da die Truppen einander nicht sehen können, verwendet man Banner und Flaggen.« Trommeln und Glocken, Banner und Flaggen dienen dazu, die Ohren und Augen der Menschen auf einen Punkt zu richten und zu einen. Sobald die Menschen geeint sind, kann der Tapfere nicht alleine vorgehen, und der Schüchterne kann sich nicht alleine zurückziehen – so verhält es sich mit dem Einsatz einer Gruppe.*

Mei Yaochen

Die Ohren und Augen der Menschen zu einen bedeutet, die Menschen zu bewegen, in Übereinstimmung zu schauen und zu hören, so daß keine Verwirrung und Unordnung entsteht. Signale dienen dazu, die Richtung anzugeben und einzelne davon abzuhalten, sich auf eigene Faust zu entfernen.

MEISTER SUN

Benütze deshalb bei nächtlichen Angriffen viele Feuer und Trommeln, bei Angriffen am hellichten Tag benütze viele Banner und Flaggen, um die Augen und Ohren der Menschen zu beeinflussen.

Du Mu

Die Soldaten müssen sich deinen Signalen entsprechend bewegen.

Mei Yaochen

Der Grund, warum du viele Signale einsetzen sollst, liegt darin, daß du so die Wahrnehmung des Gegners manipulieren und verwirren kannst.

Wang Xi

Du bedienst dich zahlreicher Signale, um die Sinne des Gegners in Alarmbereitschaft zu versetzen und um ihm Angst vor deiner erschreckenden militärischen Stärke einzuflößen.

Meister Sun

Daher solltest du die gegnerische Armee ihrer Energie und ihren General seiner Entschlossenheit berauben.

Zhang Yu

Energie ist die Grundlage jedes Kampfes. Jedes Lebewesen kann zum Kampf herausgefordert werden, aber selbst jene, die mit Todesverachtung kämpfen, sind so wie sie sind, weil ihre Energie sie zwingt, so zu sein. Daher besagt eine Regel für militärische Operationen: Gelingt es dir, die Soldaten aller Ränge mit Zorn zu erfüllen und sie gegen den Feind aufzuhetzen, dann kann sich ihnen niemand entgegenstellen. Wenn also der Gegner zuerst kommt und er noch voller Kampfeswillen ist, dann kannst du ihn brechen, indem du vorläufig nicht mit ihm kämpfst. Lauere auf den Moment, in dem seine Aufmerksamkeit nachläßt, und schlage dann zu. So kannst du ihn seines Kampfeswillens berauben.

Was die Entschlossenheit des Generals betrifft, so ist die Entschlossenheit des Geistes der innere Herrscher des Generals. Ordnung und Unordnung, Mut und Feigheit, alle gründen sie auf dem Geist. Jene, die es verstehen, den Gegner in Schach zu halten, stiften Unordnung, stürzen ihn in Verwirrung und flößen ihm Furcht ein. So können sie die Pläne des Gegners zunichte machen, die er im Grunde seines Herzens hegt.

He Yanxi

Zuerst mußt du Entschlossenheit in deinem eigenen Herzen entwickeln - nur dann kannst du die gegnerischen Generäle ihrer Entschlossenheit berauben. Daher heißt es in der Überlieferung, daß die Menschen in früheren Zeiten entschlossen genug waren, anderen ihre Entschlossenheit zu nehmen; das alte Gesetz der Wagenlenker besagt, daß die frische Energie siegreich ist, wenn der Geist, in dem sie wurzelt, fest entschlossen ist.

Meister Sun

So ist am Morgen die Energie kraftvoll, zu Mittag wird sie schwächer und am Abend zieht sie sich zurück. Daher meiden jene, die geschickt sind im Gebrauch der Waffen, die kraftvolle Energie und greifen die Trägen und Zurückweichenden an. Dies sind jene, die die Energie beherrschen.

Mei Yaochen

Mit Morgen ist der Beginn gemeint, mit Mittag die mittlere Phase und mit Abend das Ende. Dies besagt, daß die Soldaten am Beginn kampflustig sind, aber nach und nach träge werden und ans Heimkehren denken. An diesem Punkt sind sie dann verletzbar.

He Yanxi

Jeder liebt die Sicherheit und meidet die Gefahr, jeder will leben und fürchtet den Tod. Wenn du deine Gegner also bis an die Schwelle des Todes treibst und sie freudig in die Schlacht ziehen, dann deshalb, weil sich in ihrem Herzen eine zornige und kampflustige Energie regt, die du dir vorübergehend zunutze machen kannst. Dadurch vermagst du sie so zu reizen, daß sie sich sorglos und ohne zu zögern in Gefahr begeben und ihr Leben aufs Spiel setzen. Dies werden sie sicher bereuen und dann aus Angst zurückschrecken. Nun will jeder Schwächling in der Welt sofort kämpfen, wenn er sich aufregt. Wenn es darum geht, zu den Waffen zu greifen und die Auseinandersetzung zu suchen, dann wird er von dieser Energie getrieben. Wenn diese Energie schließlich schwindet, wird er innehalten und erschrecken und es bereuen. Der Grund dafür, daß Armeen einen starken Gegner wie ein jungfräuliches Mädchen einschätzen, liegt darin, daß ihre Aggressivität ausgenützt wurde, indem sie sich durch etwas reizen ließen.

Meister Sun

Benützt du Ordnung, um der Unordnung Herr zu werden; benützt du Ruhe, um mit Tumult fertig zu werden, dann beherrschst du deinen Geist.

Du Mu

Sobald dein Geist gefestigt ist, solltest du ihn ins Gleichgewicht bringen und ihn ordnen. Dann ist er ruhig und stabil und läßt sich weder durch Ereignisse stören noch durch die Aussicht auf Gewinn irreführen. Erspähe Unordnung und Tumult in den feindlichen Reihen und greife dann an.

He Yanxi

Ein General mit nur einem Körper und einem Geist führt eine Million Truppen in den Kampf gegen einen wütenden Gegner – Gewinn und Verlust, Sieg und Niederlage vermischen sich; Strategie und Kenntnisse wandeln sich zehntausendmal – und all dies trägt er in seinem Inneren. Wenn also dein Herz nicht weit und dein Geist nicht geordnet ist, kann man nicht von dir erwarten, daß du dich sensibel allem Wandel anpaßt und unfehlbar handelst. Niemand kann dann erwarten, daß du großen und unerwarteten Schwierigkeiten gefaßt entgegentrittst und alles ruhig und ohne Vewirrung handhabst.

MEISTER SUN

Du erwartest in der Nähe die weit Entfernten, du erwartest ausgeruht die Erschöpften, du erwartest gesättigt die Hungrigen. So beherrschst du die Stärke.

Li Quan

Dies bezieht sich auf die Kräfte von Gast und Hausherr.

Du Mu

Das ist gemeint, wenn es heißt, andere zu veranlassen, auf einen zuzukommen, und zu vermeiden, daß die anderen dich dazu bringen, auf sie zuzugehen.

Meister Sun

Du vermeidest jede Konfrontation mit geordneten Reihen und greifst keine großen Formationen an. So beherrschst du die Anpassung.

He Yanxi

Dies wurde früher das Vermeiden der Stärke genannt.

Meister Sun

Deshalb gilt für eine militärische Operation: keine Stellung beziehen, die einem hohen Hügel zugewandt ist, und sich nicht jenen widersetzen, die mit dem Rücken zum Berg stehen.

Du Mu

Dies bedeutet, daß du keinen Angriff nach oben unternehmen solltest, wenn sich der Gegner auf einem hochgelegenen Terrain befindet, und wenn er nach unten stürmt, solltest du dich ihm nicht entgegenstellen.

Meister Sun

Nimm die Verfolgung nicht auf, wenn der Rückzug nur vorgetäuscht ist. Greife keine Elitetruppen an.

Jia Lin

Wenn der Feind plötzlich flieht, noch bevor seine Energie verbraucht ist, dann gibt es sicher einen Hinterhalt, wo er nur darauf wartet, deine Streitkräfte angreifen zu können. Daher solltest du deine Offiziere mit aller Sorgfalt davon abhalten, den Gegner zu verfolgen.

Li Quan

Meide eine starke Energie. Mei Yaochen fügte hinzu: »Halte Ausschau, ob die Energie in sich zusammenbricht.«

Meister Sun

Nimm nichts zu dir, was für ihre Soldaten gedacht ist.

Du Mu

Wenn der Feind plötzlich seinen Proviant im Stich läßt, dann solltest du ihn prüfen, bevor du davon ißt, denn er könnte vergiftet sein.

Meister Sun

Halte eine Armee, die sich auf dem Rückzug befindet, nicht auf.

Li Quan

Wenn Soldaten heimkehren wollen, kannst du dich ihrem Willen nicht widersetzen.

Mei Yaochen

Unter diesen Umständen wird ein Gegner auf Leben und Tod kämpfen.

Meister Sun

Laß einen Ausweg offen, wenn du eine Armee umzingelst.

Cao Cao

Die alte Regel der Wagenlenker lautet: »Umzingele sie auf drei Seiten und laß eine Seite offen, um ihnen einen Weg zum Überleben zu zeigen.«

Du Mu

Zeig ihnen einen Ausweg, so daß sie nicht das Gefühl haben, bis zum Tode kämpfen zu müssen. Dann kannst du dies nämlich ausnützen, um sie anzugreifen.

Meister Sun

Treibe einen verzweifelten Gegner nicht in die Enge.

Mei Yaochen

Auch ein erschöpftes Tier wird noch kämpfen; dies ist das Gesetz der Natur.

Zhang Yu

Verbrennt der Feind seine Boote, zerstört er seine Kochtöpfe und sucht er den alles entscheidenden Kampf, dann treibe ihn nicht in die Enge, denn verzweifelte Tiere schlagen wild um sich.

Meister Sun

Dies sind die Regeln, die für eine militärische Operation gelten.

8. Anpassung

Zhang Yu

Anpassung bedeutet, nicht an bestimmten Methoden festzuhalten, sondern sich nach den Ereignissen zu richten und dementsprechend zu handeln.

Meister Sun

Im allgemeinen gilt für militärische Operationen, daß die militärische Führung die Befehle zum Zusammenziehen der Truppen von der zivilen Führung erhält.

Schlage kein Lager auf schwierigem Terrain auf. Baue diplomatische Beziehungen an den Grenzen auf. Bleibe nicht in unfruchtbaren oder isolierten Gebieten.

Befindest du dich auf eingekreistem Gelände, so ersinne eine Kriegslist. Befindest du dich auf tödlichem Gelände, so kämpfe.

Jia Lin

Befindest du dich auf eingekreistem Gelände, so bedeutet dies, daß diese Gegend auf allen vier Seiten von steilen Hängen umgeben ist und du dich in der Mitte befindest. Daher kann der Feind beliebig kommen und gehen; aber für dich ist es äußerst schwierig, hinaus- und wieder hineinzukommen. Wenn du dich auf einem derartigen Terrain befindest, solltest du im voraus besondere Pläne schmieden, um den Gegner daran hindern zu können, dich zu belästigen. Dann kannst du die Nachteile dieser Art von Gelände wettmachen.

Li Quan

Bring eine Armee in eine tödliche Lage, und die Soldaten werden ihren eigenen Kampf kämpfen.

Meister Sun

Es gibt Wege, die du nicht einschlagen solltest, es gibt Armeen, die du nicht angreifen solltest; es gibt Festungen, die du nicht belagern solltest; es gibt Gebiete, um die du nicht kämpfen solltest; es gibt Befehle der zivilen Regierung, denen du nicht gehorchen solltest.

Li Quan

Gibt es Engpässe auf deinem Weg und mögen dort Angriffe aus dem Hinterhalt drohen, dann solltest du diesen Weg nicht einschlagen.

Du Mu

Greife keine Elitetruppen an, versuche nicht, eine auf dem Rückzug befindliche Armee aufzuhalten, treibe einen verzweifelten Gegner nicht in die Enge, greife auf einem tödlichen Gelände nicht an. Und wenn du stark bist und der Gegner schwach ist, greife nicht seine Vorhut an, damit du nicht die restlichen Truppen so erschreckst, daß sie sich zurückziehen.

Cao Cao

Es mag möglich sein, eine Armee anzugreifen, aber nicht ratsam, weil die Formen des Geländes es schwer machen durchzuhalten. Dort zu verweilen würde weiter zu gewinnen unmöglich machen, und auch die augenblicklichen Vorteile würden nur klein sein, denn eine verzweifelte Armee wird bis zum Letzten kämpfen.

Wenn eine Festung klein und sicher ist und über reichlich Nachschub verfügt, dann belagere sie nicht. Bringt ein Gebiet nur unwesentlichen Nutzen und es kann genauso leicht verloren gehen, wie es zu gewinnen ist, dann kämpfe nicht darum. Wenn es darum geht, deine Arbeit zu beschleunigen, laß dich nicht von den Befehlen der zivilen Führung einschränken.

Du Mu

Wei Liaozi sagte: »Waffen sind unheilvolle Geräte, Konflikt

ist ein negativer Zustand; Kriegsfürsten sind Offiziere des Todes, die keinen Himmel über sich und keine Erde unter sich haben, die keinen Gegner vor sich und keinen Herrscher hinter sich haben.«

Meister Sun

Wenn ein General also alle Möglichkeiten der Anpassung kennt, um sich die Vorteile des Geländes zunutze zu machen, dann weiß er, wie militärische Kräfte einzusetzen sind. Wenn ein General es nicht versteht, sich vorteilhaft anzupassen, mag er zwar die Beschaffenheit des Terrains kennen, wird aber keinen Nutzen daraus ziehen können.

Wenn er Armeen befehligt, ohne die Kunst der vollkommenen Anpassung zu beherrschen, dann mag er zwar wissen, was es zu gewinnen gibt, wird aber die Menschen nicht dazu bringen, für ihn zu kämpfen.

Jia Lin

Selbst wenn du die Beschaffenheit des Geländes kennst, wirst du daraus keinen Gewinn ziehen können, sondern dadurch sogar geschädigt werden, wenn dein Geist nicht anpassungsfähig ist. Es ist für Generäle wichtig, sich auf angemessene Art und Weise anzupassen.

Wenn du dich in Einklang mit dem Zusammenspiel der Kräfte wandeln kannst, dann wandelt sich der Vorteil nicht, und die einzigen, denen Schaden zugefügt werden kann, sind die anderen. Deshalb gibt es keine feststehende Struktur. Wenn du dieses Prinzip in seiner ganzen Tragweite erfaßt, kannst du Menschen dazu bringen zu kämpfen.

Anpassung bedeutet unter anderem, eine passende Route zu vermeiden, wenn du erkannt hast, daß sie Eigenschaften aufweist, die sich für einen Hinterhalt anbieten; es bedeutet, eine verwundbare Armee nicht anzugreifen, wenn du erkannt hast, daß sie verzweifelt ist und ihr nichts anderes übrig bleibt, als bis zum letzten Mann zu kämpfen; es bedeutet, eine isolierte und verwundbare Stadt nicht anzugreifen, wenn du erkannt hast, daß sie über reichlich Nachschub, mächtige Waffen, kluge Generäle und loyale Beamte verfügt, und es dir deshalb unmöglich ist vorherzusagen, was geschehen mag; es bedeutet, nicht um ein Territorium zu kämpfen, das umkämpft sein könnte, wenn du erkannt hast, daß es, selbst wenn du es eroberst, nur schwer zu halten und ohnehin von keinem großen Nutzen wäre, sondern nur Menschenleben fordern würde; es bedeutet, den Anweisungen der zivilen Regierung nicht zu gehorchen, wie es eigentlich der Fall sein sollte, wenn du erkannt hast, daß die Anordnungen von hinter den Linien Nachteile und Schaden mit sich bringen würden. Diese Anpassungen müssen an Ort und Stelle je nach den Umständen erfolgen und können nicht im vorhinein festgelegt werden.

Die Gier nach Gewinn bringt es mit sich, daß du jede Abkürzung wahrnimmst und eine abgeschnittene Armee angreifst, daß du eine Stadt mit unsicherem Ausgang belagerst, daß du um jedes Gebiet, das eingenommen werden kann, kämpfst und jede brauchbare Armee befehligst. Bist du begierig nach allem, was du mit all dem erreichen kannst, und verstehst du es nicht, dich Veränderungen wie oben beschrieben anzupassen, dann wird es dir nicht nur unmöglich sein, Menschen dafür zu gewinnen, für dich zu kämpfen, sondern du wirst die Armee vernichten und die Soldaten Verwundungen aussetzen.

Meister Sun

Deshalb schließen die Überlegungen der Weisen immer sowohl Nutzen als auch Schaden ein. Da sie den Nutzen abwägen, kann ihre Arbeit gedeihen; da sie den Schaden abwägen, können ihre Schwierigkeiten überwunden werden.

He Yanxi

Nutzen und Schaden sind miteinander verwoben, daher berücksichtigt der Erleuchtete immer beide.

Meister Sun

Was daher den Widersacher in Schach hält, ist Schaden; was den Widersacher geschäftig hält, ist Arbeit; was den Widersacher motiviert, ist Gewinn.

Zhang Yu

Bring ihn in eine Lage, wo er verwundbar ist, und er wird sich ergeben. Eine andere Strategie besteht darin, Zwistigkeiten in seinen Reihen zu säen und ihm Schaden zuzufügen, indem du ihn aufreibst und die Menschen kampfunfähig machst.

Du Mu

Ermüde den Gegner, indem du ihn beschäftigst und ihn nicht zur Ruhe kommen läßt. Aber du mußt deine eigene Arbeit getan haben, bevor du dies tun kannst. Deine Arbeit besteht darin, eine starke Miliz, eine reiche Nation, eine harmonische Gesellschaft und einen geordneten Lebensstil aufzubauen.

Meister Sun

Die Regeln für militärische Operationen lehren nicht, darauf zu zählen, daß der Feind nicht kommt, sondern darauf zu vertrauen, daß wir Mittel und Wege haben, mit ihm fertig zu werden; sie lehren nicht, darauf zu bauen, daß wir etwas haben, was unangreifbar ist.

He Yanxi

Hältst du dir die Gefahr immer dann vor Augen, wenn du in Sicherheit bist und erinnerst du dich in Zeiten der Ordnung an das Chaos; hältst du Ausschau nach Gefahr und Chaos, während sie noch nicht Form angenommen haben, und beugst du ihnen vor, bevor sie eintreten, dann bist du wahrhaft vortrefflich.

Meister Sun

Im Zusammenhang mit einem General gibt es fünf Charakterzüge, die gefährlich sind: Jene, die bereit sind zu sterben, können getötet werden; jene, die nach dem Leben dürsten, können gefangengenommen werden; jene, die zu Zornesausbrüchen neigen, können beschämt werden; jenen, die zu puritanisch sind, kann Schande bereitet werden; jene, die das Volk lieben, können in Schwierigkeiten geraten.

Cao Cao

Jene, die tapfer, aber gedankenlos sind und darauf bestehen, bis zum Tod zu kämpfen, kannst du nicht in die Knie zwingen, aber aus dem Hinterhalt angreifen.

Meng Shi

Ist der General feige und schwach und will er um jeden Preis überleben, dann kämpft er nicht mit ganzem Herzen, und seine Soldaten sind nicht wirklich einsatzfreudig. Sowohl die Offiziere als auch die Truppen zögern, daher können sie leicht angegriffen und gefangengenommen werden.

Cao Cao

Jähzornige Menschen können durch Zorn und Verlegenheit dazu verleitet werden, auf dich zuzukommen; puritanische Menschen können durch Verleumdung und Schande dazu verleitet werden, auf dich zuzukommen. Und wenn du an einem Ort auftauchst, von dem du weißt, daß sie ihn schnellstens verteidigen werden, dann werden jene, die dem Volk dort zugetan sind, unweigerlich hineilen, um es zu retten, und sich dabei verausgaben und in Schwierigkeiten bringen.

Meister Sun

Diese fünf Dinge sind ein Fehler bei Generälen und wirken sich verheerend bei militärischen Operationen aus.

Chen Hao

Gute Generäle sind anders: Sie haben sich weder dem Tod verschrieben noch zählen sie darauf zu überleben; sie handeln in Harmonie mit den Ereignissen und nicht aufgrund ihres Jähzorns und lassen sich nicht in Verlegenheit bringen. Wenn sie eine Möglichkeit wahrnehmen, sind sie wie Tiger, sonst aber schließen sie die Tore. Ihr Handeln und Nichthandeln wird von ihrer Strategie bestimmt, und nichts kann sie erfreuen oder verärgern.

9. Armeen auf dem Marsch

Cao Cao

Dies bedeutet, die vorteilhaftesten Routen auszuwählen.

Meister Sun

Wann immer du eine Armee in Stellung bringst, um den Gegner zu beobachten, überquere die Berge und folge den Tälern.

Li Quan

Die Berge überqueren bedeutet, dabei die Talschluchten zu überwachen; dem Verlauf der Täler folgen bedeutet, nah bei Wasser und Futter zu sein.

Meister Sun

Stell dich gegen die Sonne und lagere an hohen Orten. Kämpfst du auf einem Hügel, dann nicht bergauf. Dies gilt für eine Armee in den Bergen.

Du Mu

Eine Version lautet: »Kämpfe, während du hinabsteigst, kämpfe nicht, wenn du hinaufsteigst.«

Meister Sun

Hast du ein Gewässer durchquert, dann halte dich weit entfernt vom ihm. Wenn der vorrückende Gegner das Gewässer überquert, begegne ihm nie im Wasser; es ist von Vorteil, die Hälfte seiner Streitkräfte das Gewässer durchqueren zu lassen und ihn dann anzugreifen.

Cao Cao und Li Quan

Bring den Feind dazu, über das Wasser zu setzen.

Meister Sun

Wenn du angreifen willst, solltest du dem Gegner nicht in der Nähe des Wassers gegenübertreten. Stelle dich gegen die Sonne, halte dich auf Anhöhen auf; stelle dich nicht gegen den Lauf des Wassers. Dies gilt für eine Armee zu Wasser.

Jia Lin

In einem Flußgebiet kann deine Armee unter Wasser gesetzt werden, und die Flüsse können vergiftet sein. Sich gegen den Lauf des Wassers stellen heißt, gegen die Strömung stehen.

Du Mu

Es bedeutet auch, daß deine Boote nicht stromab von der Position des Feindes vertäut sein sollten, damit der Feind nicht die Strömung für sich ausnutzen und dich bezwingen kann.

Meister Sun

Durchquerst du Salzsümpfe, so sei darauf bedacht, den kürzesten Weg zu wählen. Durchquere sie schnell und halte dich dort nicht auf. Wenn du mitten in einem Salzsumpf auf eine Armee triffst, bleib in der Nähe der Wasserpflanzen, mit dem Rücken zu den Bäumen. Dies gilt für eine Armee in einem Salzsumpf.

Wang Xi

Solltest du in solch einer Situation unerwartet einem Gegner begegnen, dann nütze auch hier die günstigsten Faktoren aus und kehre der sichersten Richtung den Rücken zu.

Meister Sun

Auf einer Hochebene beziehe dort Stellung, wo du dich leicht bewegen kannst, so daß etwas höher gelegenes Gelände rechts hinter dir liegt, Niederungen vor dir und Anhöhen hinter dir liegen. Dies gilt für eine Armee auf einer Hochebene.

Du Mu

Der kriegerische Kaiser Taigong sagte: »Eine Armee muß darauf achten, daß Flüsse und Sümpfe zu ihrer Linken und Hügel zu ihrer Rechten sind.«

Mei Yaochen

Wähle ebenes Gelände, das sich für Fahrzeuge eignet; achte darauf, daß rechts hinter dir Hügel sind, und du wirst einen Weg finden, deine Schlagkraft dadurch zu verstärken. Es ist günstig für die Kämpfenden, wenn sie bergab vorgehen.

Meister Sun

Da der Gelbe Kaiser die Lage gemäß dieser vier grundlegenden Prinzipien des Stellungbeziehens ausnützte, konnte er vier Herrscher besiegen.

Zhang Yu

Alle Kampfkünste nahmen ihren Anfang mit dem Gelben Kaiser (einem taoistischen Herrscher der späten vorgeschichtlichen Zeit, ungefähr 2400 vor Christus), daher ist er hier erwähnt.

Meister Sun

Normalerweise zieht eine Armee hochgelegene Orte vor und verabscheut das Tiefland; sie schätzt das Licht und haßt die Dunkelheit.

Mei Yaochen

Höhen haben eine aufheiternde Wirkung, daher fühlen sich die Menschen dort wohl; und dort ist es auch leichter, die volle Schlagkraft zu entwickeln. Niederungen sind feucht und ungesund und erschweren jeden Kampf.

Wang Xi

Wenn Menschen sich lange Zeit an dunklen, feuchten Orten aufhalten, werden sie niedergeschlagen und krank.

Meister Sun

Trage Sorge für die körperliche Gesundheit und halte dich dort auf, wo es genügend Hilfsmittel gibt. Wenn die Armee nicht von Krankheit befallen ist, dann, so heißt es, ist sie unbezwingbar.

Mei Yaochen

Jene, die um diese Dinge wissen, können sich dank des sie begünstigenden Kräftespiels des Sieges sicher sein.

Meister Sun

Wo Hügel oder Dämme sind, laß sie rechts hinter dir und bleibe auf der sonnigen Seite. Dies ist von Vorteil für eine Streitmacht; es ist die Unterstützung, die dir das Gelände selbst zukommen läßt.

Zhang Yu

Vorteilhaft ist es, bei militärischen Operationen vom Gelände selbst unterstützt zu werden.

Meister Sun

Wenn stromaufwärts Gewitterregen niedergehen und der Strom, den du überqueren willst, Schaumkronen trägt, dann warte ab, bis sich das Wasser beruhigt hat.

Cao Cao

Dies deshalb, damit der Fluß nicht plötzlich anschwillt, wenn du dich auf halbem Weg befindest.

Meister Sun

Wann immer ein Gelände unüberquerbare Schluchten, natürliche Einschließungen, Engstellen, Fallen, Fallgruben und Bodenspalten aufweist, solltest du es rasch verlassen und dich diesen Hindernissen nicht nähern. Was mich betrifft, so halte ich mich von ihnen fern, so daß der Gegner ihnen näher ist; ich wende ihnen mein Gesicht zu, so daß der Gegner mit dem Rücken zu ihnen steht.

Cao Cao

Bei militärischen Operationen halte dich während eines Manövers immer von diesen sechs Arten gefährlicher Bodenformationen fern, damit dein Gegner sich in ihrer Nähe befindet und ihnen den Rücken zukehrt. Dann hast du den Vorteil auf deiner Seite, und ihn verläßt das Glück.

MEISTER SUN

Wenn eine Armee auf ihrem Marsch in hügeliges Terrain mit vielen Flüssen und Teichen oder schilfbewachsenen Senken oder in Bergwälder mit dichtem Unterholz kommt, muß sie es unbedingt sorgfältig und gründlich absuchen. Denn dies sind Orte, die Feinden und Räubern Versteck bieten.

Zhang Yu

Es ist unbedingt notwendig, abzusteigen und alles zu durchkämmen, damit sich an solchen Orten keine Truppen im Hinterhalt verstecken können. Außerdem besteht die berechtigte Sorge, daß Spione, die dich beobachten und deine Anweisungen mithören, dort auf der Lauer liegen könnten.

MEISTER SUN

Wenn der Gegner nah ist, sich aber ruhig verhält, dann rastet er in einer natürlichen Deckung. Wenn er weit weg ist, aber versucht, Feindseligkeiten anzuzetteln, will er, daß du vorrückst. Ist seine Stellung leicht zugänglich, dann sicher deshalb, weil ihm dies zum Vorteil gereicht.

Du Mu

Dies bedeutet, daß ein Gegner, der nicht in einer natürlichen Deckung verweilt, sondern einen anderswie geeigneten Ort wählt, dies deshalb tut, weil er daraus irgendeinen praktischen Nutzen ziehen kann.

MEISTER SUN

Bewegen sich die Bäume, dann naht der Feind; wenn im Unterholz viele getarnte Hindernisse aufgebaut sind, dann will der Feind dich in die Irre führen.

Du You

Der Hintergedanke beim Aufstellen von getarnten Hindernissen im Gehölz ist, dich glauben zu machen, daß sich dort ein Hinterhalt befinden könnte.

Meister Sun

Fliegen Vögel auf, dann ist dies das Zeichen für einen Hinterhalt. Schrecken die Tiere auf, dann weist dies auf Angreifer hin. Wenn der Staub in einer hohen Säule aufsteigt, dann nahen Wagen; wenn er sich knapp über dem Boden verteilt, dann rückt der Feind zu Fuß an. Verstreute Rauchfahnen zeigen Holzfäller an. Verhältnismäßig kleine Staubschwaden, die auftauchen und verschwinden, sind ein Zeichen dafür, daß der Feind ein Lager aufschlägt.

Mei Yaochen

Leichte Truppen schlagen ein Lager auf, daher wird durch ihr Kommen und Gehen nur verhältnismäßig wenig Staub aufgewirbelt.

Meister Sun

Jene, deren Worte demütig sind, während sie ihre Kriegsvorbereitungen verstärken, werden vorrücken. Jene, deren Worte heftig sind und die aggressiv vorrücken, werden sich zurückziehen.

Cao Cao

Wenn die Sendboten Demut bekunden, dann schicke Spione aus, um den Gegner zu beschatten. Du wirst herausfinden, daß er seine Vorbereitungen verstärkt.

Zhang Yu

Wenn die Sendboten mit starken Worten kommen und die feindliche Armee vorrückt, dann will der Feind dir drohen, während er den Rückzug vorbereitet.

Wang Xi

Sind ihre Worte stark und ist ihre Haltung aggressiv, dann

wirst du nicht glauben, daß sie dabei sind, sich zurückzuziehen.

MEISTER SUN

Wenn leichte Wagen zuerst auftauchen und die Flanken besetzen, dann stellt sich der Feind zum Kampf auf.

Cao Cao

Sie stellen die Truppen für die Schlacht auf.

Du Mu

Die leichten Wagen stellen die Flankenbegrenzungen der Schlachtreihen dar.

MEISTER SUN

Jene, die ohne Vertragsvorschläge einen Waffenstillstand anstreben, führen etwas im Schilde.

Chen Hao

Wenn ohne Vertragsvorschlag ein Waffenstillstand angestrebt wird, so bezieht sich dies im allgemeinen auf Fälle, in denen Länder in Feindseligkeiten verwickelt sind und keine Seite bereit ist nachzugeben. Sucht dann plötzlich eine Seite ohne ersichtlichen Grund Frieden und Freundschaft, muß der Grund dafür darin liegen, daß sie in einer inneren Krise steckt und einen vorläufigen Frieden wünscht, um sich ihren eigenen Problemen widmen zu können. Andererseits muß die gegnerische Seite wohl wissen, daß du über Macht verfügst und auch bereit bist, sie einzusetzen. Sie will dein Mißtrauen besänftigen und ergreift daher selbst die Initiative im Streben nach Frieden und Freundschaft. Danach nützt sie deine mangelhafte Vorbereitung aus, um dich anzugreifen und zu überwältigen.

MEISTER SUN

Jene, die geschäftig eine Schlachtordnung bewaffneter Wagen aufstellen, erwarten Verstärkung.

Jia Lin

Für solche Betriebsamkeit könnte ein gewöhnliches Zusammentreffen nicht der Anlaß sein - sie müssen eine Streitmacht erwarten, die noch weit entfernt ist und mit der sie sich zu einem bestimmten Zeitpunkt zusammenschließen wollen, um dich anzugreifen. Am besten ist es, du bereitest dich sofort darauf vor.

Meister Sun

Wenn die Hälfte ihrer Streitmacht vorrückt und die andere Hälfte sich zurückzieht, dann versuchen sie, dich zu täuschen.

Du Mu

Sie täuschen Unordnung und Verwirrung vor, um dich zum Vorrücken zu verleiten.

Meister Sun

Wenn sie sich im Stehen auf ihre Waffen stützen, dann sind sie am Verhungern. Wenn jene, die um Wasser ausgeschickt wurden, als erste trinken, sind sie am Verdursten.

Zhang Yu

Die Menschen verlieren ihre Energie, wenn sie nicht essen; deshalb müssen sie sich im Stehen auf ihre Waffen stützen. Da alle Männer in einer Armee zur gleichen Zeit essen, verhungern alle, wenn einer verhungert.

Wang Xi

Daran kannst du erkennen, daß ihre Reihen von Hunger und Durst geplagt sind.

Meister Sun

Wenn sie einen Vorteil sehen, aber trotzdem nicht vorrücken, dann sind sie müde.

Zhang Yu

Sind die Offiziere und Soldaten erschöpft, dann kann sie

nichts dazu bringen zu kämpfen. Auch wenn sie einen Vorteil sehen, den sie erringen könnten, wagen es die Generäle nicht vorzurücken.

MEISTER SUN

Wenn sich Vögel an einem Ort sammeln, dann ist er verlassen worden.

Li Quan

Befinden sich Vögel auf einer Festung, dann ist die Armee geflohen.

MEISTER SUN

Ertönen Rufe in der Nacht, dann haben sie Angst.

Cao Cao

Wenn die Soldaten in der Nacht laut sind, bedeutet es, daß der General nicht tapfer ist.

Du Mu

Sie sind voller Angst und Sorge, daher rufen sie einander zu, um sich Mut zu machen.

Chen Hao

Wenn es unter zehn Leuten auch nur einen Mutigen gibt, mögen die anderen neun feige und schüchtern sein, aber dank der Tapferkeit dieses einen können sie noch immer sicher sein. Wenn nun alle Soldaten in der Nacht Rufe ertönen lassen, dann deshalb, weil der General keinen Mut hat, wie Cao Cao sagt.

MEISTER SUN

Herrscht in der Armee Unordnung, so bedeutet dies, daß der General nicht ernstgenommen wird.

Li Quan

Wenn es dem General an Autorität fehlt, dann herrscht in der Armee Unordnung.

Meister Sun

Wenn sich Flaggen und Banner hin und herbewegen, dann herrscht Verwirrung beim Gegner.

Zhang Yu

Banner und Flaggen dienen dazu, die Gruppe zu einen. Wenn sie sich also unruhig hin und herbewegen, dann zeigt dies, daß Verwirrung unter den Truppen herrscht.

Meister Sun

Sind die Abgesandten leicht reizbar, dann bedeutet dies, daß sie müde sind.

Jia Lin

Menschen sind reizbar, wenn sie ermattet sind.

Meister Sun

Wenn der Gegner des Fleisches wegen seine Pferde schlachtet, bedeutet dies, daß die Soldaten nichts zu essen haben. Wenn er seine Töpfe nicht aufhängt und auch nicht in sein Lager zurückgeht, dann handelt es sich um einen verzweifelten Gegner.

Mei Yaochen

Töten die gegnerischen Soldaten ihre Pferde, um sich Nahrung zu beschaffen, entledigen sie sich ihrer Küchengeräte und bleiben sie im Freien, ohne in ihre Unterkünfte zurückzugehen, dann sind sie Tollköpfe, die entschlossen sind, bis zum letzten um den Sieg zu kämpfen.

Meister Sun

Wenn sie sich in kleinen Gruppen zusammentun und tuscheln, wenn sie ihren Pflichten nicht nachkommen und sich miteinander beraten, dann ist die Loyalität der Gruppe verlorengegangen.

Mei Yaochen

Getuschel zeigt, daß die Leute ihren wahren Gefühlen freien

Lauf lassen; Versäumnisse in ihren Pflichten zeigen, daß sie ihre Aufgaben nachlässig erfüllen; was lange Beratungen betrifft, warum sollte der Starke die Entfremdung von der Gruppe fürchten?

Wang Xi

Getuschel ist der Ausdruck wahrer Gefühle, Versäumnisse in den Pflichten sind ein Zeichen für Schwierigkeiten mit den Vorgesetzten. Hat die militärische Führung die Loyalität der Mannschaft verloren, dann reden sie offen miteinander über die Schwierigkeiten mit ihren Vorgesetzten.

Meister Sun

Verteilt der Feind zahlreiche Belohnungen, bedeutet dies, daß er in einer Sackgasse steckt. Verteilt er zahlreiche Bestrafungen, dann heißt dies, daß er zermürbt ist.

Du Mu

Wenn seine Kampfkraft erschöpft ist, dann teilt er häufig Belohnungen aus, um den Soldaten zu schmeicheln und um zu verhindern, daß sie in großer Anzahl meutern. Sind die Menschen erschöpft, dann fürchten sie keine Bestrafung; daher bestraft man sie immer und immer wieder, um sie einzuschüchtern.

Mei Yaochen

Wenn die Menschen so zermürbt sind, daß sie keine Befehle mehr ausführen können, dann werden sie wieder und wieder bestraft, denn man hofft, dadurch die Autorität wiederzugewinnen.

Meister Sun

Zuerst gewalttätig sein und dann in Furcht vor dem eigenen Volk geraten, das ist der Gipfel der Unfähigkeit.

Li Quan

Wer unbedacht handelt und dann Angst verspürt, ist tapfer, aber unbeständig, und handelt außerordentlich unfähig.

Meister Sun

Jene, die kommen, um zu verhandeln, sehnen sich nach einer Atempause.

Du You

Wenn sie demütig und versöhnlich auf dich zukommen, noch bevor du sie im Kampf unterworfen hast, bedeutet es, daß sie sich nach einer Atempause sehnen.

Wang Xi

Ihre Kampfkraft wird bald erschöpft sein.

Meister Sun

Wenn Streitkräfte dir zornerfüllt gegenüberstehen und weder den Kampf aufnehmen noch abziehen, mußt du sie unbedingt sorgfältig beobachten.

Cao Cao

Der Feind bereitet einen Überraschungsangriff vor.

Meister Sun

In militärischen Angelegenheiten ist es nicht notwendigerweise von Vorteil, über die größere Anzahl zu verfügen; was allein zählt, ist, aggressives Handeln zu vermeiden; es genügt, die eigene Kraft zu konzentrieren, den Gegner richtig einzuschätzen und Menschen zu gewinnen; das ist alles.

Chen Hao

Wenn deine militärische Stärke nicht größer ist als die des Feindes und es keinen Vorteil bringt vorzurücken, dann ist es auch nicht nötig, um Truppen aus anderen Ländern anzusuchen. Du mußt lediglich deine eigene Stärke festigen und Leute unter den heimischen Arbeitern anheuern - auch dann kannst du den Feind vernichten.

Jia Lin

Eine große Gruppe, die eine kleine angreift, wird nicht hoch eingeschätzt; großes Ansehen hingegen genießt eine kleine Gruppe, die in der Lage ist, eine große anzugreifen.

Meister Sun

Der Individualist, der über keinerlei Strategie verfügt und glaubt, einem leichten Gegner gegenüberzustehen, wird unvermeidlich in Gefangenschaft geraten.

Du Mu

Wenn du über keine weitreichenden Pläne verfügst und nicht vorausdenkst, sondern allein auf deine persönliche Tapferkeit setzt und den Gegner nicht ernst nimmst, ohne die Situation zu berücksichtigen, dann wirst du sicherlich in Gefangenschaft geraten.

Meister Sun

Wenn Soldaten bestraft werden, noch bevor sie eine persönliche Bindung an die Führung haben, werden sie sich nicht fügen, und wenn sie sich nicht fügen, ist es schwer, sie einzusetzen.

Wang Xi

Wenn die Menschen nicht von Anfang an Gefühle der Wertschätzung und des Vertrauens entwickeln können, dann werden sie diese Bindung nicht aufbauen können.

Meister Sun

Werden Strafen nicht vollstreckt, nachdem eine persönliche Bindung zu den Soldaten hergestellt wurde, dann kann man sie nicht mehr einsetzen.

Zhang Yu

Wenn bereits unterschwellige Gefühle der Wertschätzung und des Vertrauens vorhanden und die Herzen der Soldaten der Führung schon verbunden sind, dann werden die Soldaten hochmütig und können nicht mehr eingesetzt werden, falls die Bestrafungen ausgesetzt werden.

Meister Sun

Lenke sie durch sanfte Künste, einige sie durch kriegerische Künste; dies bedeutet den sicheren Sieg.

Cao Cao

Mit sanften Künsten ist Menschlichkeit gemeint, mit kriegerischen Künsten ist das Gesetz gemeint.

Li Quan

Sanfte Künste sind Wohlwollen und Belohnung, kriegerische Künste sind Strenge und Bestrafung.

Mei Yaochen

Befehlige sie auf menschliche, wohlwollende Art und Weise, einige sie auf strenge, unbeugsame Art und Weise. Wenn sowohl Wohlwollen als auch Unbeugsamkeit offensichtlich sind, ist es möglich, den Sieg zu erringen.

Meister Sun

Werden Weisungen, die das Volk belehren sollen, konsequent ausgeführt, dann gehorcht das Volk. Werden Weisungen, die das Volk belehren sollen, nicht konsequent ausgeführt, dann gehorcht das Volk nicht. Wenn Weisungen konsequent ausgeführt werden, dann ist die Beziehung zwischen Führung und Geführten zufriedenstellend.

Du Mu

Konsequent heißt die ganze Zeit über: In gewöhnlichen Zeiten ist es unumgänglich, daß Wohlwollen und Vertrauen sowie Würde und Ordnung vom Beginn an dem Volk augenscheinlich sind, damit man später, wenn es mit einem Feind konfrontiert wird, die Situation geordnet bewältigen kann und man das volle Vertrauen und die Unterstützung des Volkes hat.

10. Terrain

MEISTER SUN

Manches Terrain ist leicht zugänglich, auf manchem Terrain wirst du aufgehalten, manches Terrain läßt keine Entscheidung zu und manches ist eng, manches ist steil und manches ist weit offen.

Wenn beide Seiten kommen und gehen können, wird das Terrain »leicht zugänglich« genannt. Ist das Gelände leicht zugänglich, nimm zuerst deine Position ein, wobei du die erhöhten und sonnigen Stellen wählst, die sich als Nachschubwege eignen. Dann ist der Vorteil im Kampf auf deiner Seite.

Wenn du das Gelände verlassen hast, aber nur unter Schwierigkeiten zurückkehren kannst, dann heißt es, du wirst aufgehalten. Auf dieser Art von Terrain wirst du siegen, wenn der Gegner unvorbereitet ist und du vorrückst. Ist der Feind aber vorbereitet und rückst du vor, ohne zu siegen, dann wirst du nur schwer wieder zurückkehren können. Dann bringt es dir keinen Vorteil.

Wenn es für beide Seiten nicht von Vorteil ist vorzurücken, dann spricht man von einem Gelände, das keine Entscheidung zuläßt. Auf einem solchen Terrain mag dir der Gegner einen Vorteil bieten, aber du nimmst ihn nicht an - du ziehst dich zurück, wodurch du den Gegner halb herauslockst, und greifst dann an, zu deinem Vorteil.

Enges Terrain solltest du, wenn du der erste bist, vollständig besetzen und den Gegner abwarten. Ist der Gegner zuerst da, folge ihm nicht, wenn er die Engstellen blockiert. Verfolge ihn, wenn er sie nicht besetzt.

Auf steilem Terrain solltest du, wenn du der erste bist, die lichten Höhen besetzen und dort auf den Feind warten. Ist der Gegner als erster da, zieh dich von dort zurück und verfolge ihn nicht.

Auf weit offenem Terrain ist das Spiel der Kräfte ausgeglichen, und es ist schwierig, den Gegner herauszufordern. Ein Kampf würde dir zum Nachteil gereichen.

Diese sechs Arten von Terrain zu verstehen, darin liegt die höchste Verantwortung eines Generals, und es ist unabdingbar, sie genauestens zu prüfen.

Li Quan

Dies sind die verschiedenen Erscheinungsformen, die ein Terrain aufweisen kann; Generäle, die sie nicht kennen, verlieren.

Mei Yaochen

Die Beschaffenheit des Geländes bildet die Grundlage für jede Hilfe für das Militär und für den Sieg. Deshalb muß es vermessen werden.

Meister Sun

Unter den Streitkräften gibt es solche, die fliehen, solche, die zögern, solche, die fallen, solche, die zugrunde gehen, solche, die in Unordnung sind, und solche, die geschlagen werden. Dies sind nicht etwa Naturkatastrophen, sondern Folgen von Fehlern der Generäle.

Jene Truppen, die über den gleichen Schwung wie der Gegner verfügen, aber eine zehnfache Übermacht angreifen, fliehen. Jene Truppen, deren Soldaten stark, aber deren Offiziere schwach sind, zögern. Jene, deren Offiziere stark, aber deren Soldaten schwach sind, fallen. Wenn die Obersten zornig und widerspenstig sind und aus Ärger nach eigenem Gutdünken kämpfen, sobald sie auf einen Gegner treffen, und die Generäle ihre Fähigkeiten nicht kennen, dann gehen sie zugrunde.

Zhang Yu

Im allgemeinen muß die gesamte militärische Führung das gleiche Ziel verfolgen; alle militärischen Kräfte müssen zusammenarbeiten, um in der Lage zu sein, den Gegner zu schlagen.

Meister Sun

Wenn die Generäle schwach sind und es ihnen an Autorität mangelt, wenn ihre Anweisungen nicht klar sind und es den Offizieren und Soldaten an Richtlinien fehlt, an die sie sich halten können, und wenn sie die Schlachtreihen nicht geordnet aufstellen, dann herrscht Unordnung. Wenn die Generäle, die unfähig sind, den Gegner zu beurteilen, mit einer kleinen Streitmacht eine größere angreifen oder mit schwachen Truppen viel stärkere angreifen und in ihren eigenen Truppen die Soldaten nicht nach ihrer Leistung auswählen, dann sind es Generäle, die geschlagen werden.

Jia Lin

Wenn du Soldaten einsetzt, ohne sie in erfahrene und unerfahrene, tapfere und feige zu trennen, dann bringst du selbst die Niederlage über dich.

Meister Sun

Dies sind die sechs Wege, die zur Niederlage führen. Sie zu verstehen, darin liegt die höchste Verantwortung der Generäle; sie müssen sorgfältig studiert werden.

Chen Hao

Der erste Weg besteht darin, die Anzahl nicht richtig einzuschätzen, der zweite darin, daß es kein klares System von Bestrafung und Belohnung gibt, der dritte im Mangel an Übung, der vierte in gefühlsbedingter Übererregung, der fünfte in der Unwirksamkeit von Gesetz und Ordnung, und der sechste im Unvermögen, die Starken und Entschlossenen auszuwählen.

Zhang Yu

Dies sind die Wege, die mit Gewißheit zur Niederlage führen.

Meister Sun

Die Formen des Terrains stellen eine Hilfe für die Armee dar; die einem überlegenen Anführer angemessene Handlungs-

weise besteht darin, den Gegner zu analysieren, um den Sieg zu sichern, und Gefahren und Entfernungen richtig einzuschätzen. Jene, die sich in den Kampf begeben und dies wissen, werden gewinnen; jene, die sich in den Kampf begeben und dies nicht wissen, werden verlieren.

Zhang Yu

Sobald du die Verfassung des Gegners und auch die Vorteile kennst, die das Gelände bietet, kannst du eine Schlacht gewinnen. Wenn du weder das eine noch das anderer kennst, wirst du die Schlacht verlieren.

Meister Sun

Weisen also die Gesetze des Krieges auf einen sicheren Sieg hin, dann ist es gewiß angemessen anzugreifen, selbst wenn die Regierung keinen Kampf will. Weisen die Gesetze des Krieges aber nicht auf einen sicheren Sieg hin, dann ist es angemessen, nicht anzugreifen, auch wenn die Regierung befiehlt, den Krieg zu eröffnen. So rückst du vor, ohne nach Ruhm zu schielen, so ziehst du dich zurück, ohne der Schande aus dem Weg zu gehen. Deine alleinige Absicht ist es, das Volk zu schützen, und daher handelst du auch zum Wohl der Regierung. So erweist du der Nation einen wertvollen Dienst.

Zhang Yu

Wenn du entgegen den Befehlen der Regierung vorrückst oder dich zurückziehst, dann tust du es nicht aus persönlichem Interesse, sondern nur, um das Leben der Menschen zu schützen und um der Regierung einen wahren Dienst zu erweisen. Solch loyale Beamte sind wertvoll für ein Land.

Meister Sun

Betrachte deine Soldaten wie Kinder, und sie werden dir in tiefe Täler folgen; behandle deine Soldaten wie deine eigenen Nachkommen, und sie werden bereitwillig mit dir in den Tod gehen.

Li Quan

Behandelst du sie gut, wirst du über all ihre Kraft verfügen können.

MEISTER SUN

Bist du ihnen gegenüber so großzügig, daß du sie nicht mehr einsetzen kannst; bist du ihnen gegenüber so gütig, daß du sie nicht mehr befehligen kannst; bist du ihnen gegenüber so inkonsequent, daß du nicht mehr imstande bist, Ordnung herzustellen, dann sind sie wie verwöhnte Kinder, nutzlos.

Cao Cao

Du solltest nicht nur belohnen, du solltest dich aber auch nicht allein auf Strafen verlassen. Sonst gewöhnen sich die Leute wie verwöhnte Kinder daran, entweder an allem Gefallen zu finden oder alles übelzunehmen. Dies ist schädlich und macht sie nutzlos.

MEISTER SUN

Wenn du weißt, daß deine Soldaten fähig sind anzugreifen, aber nicht weißt, ob der Gegner unangreifbar ist, dann hast du nur den halben Weg zum Sieg zurückgelegt. Wenn du weißt, daß der Gegner angreifbar ist, aber du nicht weißt, ob deine Soldaten unfähig sind, einen solchen Angriff durchzuführen, dann hast du nur den halben Weg zum Sieg zurückgelegt. Wenn du weißt, daß der Gegner angreifbar ist, und du weißt, daß deine Soldaten fähig zum Angriff sind, aber wenn du nicht weißt, ob sich das Terrain für einen Kampf eignet, dann hast du nur den halben Weg zum Sieg zurückgelegt.

Wang Xi

Wenn du dich selbst, aber nicht den anderen kennst, oder wenn du den anderen, aber nicht dich selbst kennst, so kannst du in beiden Fällen des Sieges nicht sicher sein. Und selbst wenn du sowohl dich selbst als auch den anderen kennst und weißt, daß du kämpfen kannst, darfst du dennoch die Frage nicht außer acht lassen, welche Vorteile das Gelände bietet.

Meister Sun

Daher bewegen sich jene, die erfahren sind in der Kunst des Krieges, ohne zu irren, und sie handeln, ohne sich zu zermürben. Daher heißt es, daß der Sieg nicht in Gefahr ist, wenn du dich selbst und den anderen kennst; wenn du Himmel und Erde kennst, dann ist der Sieg vollkommen.

Du Mu

Wenn Sieg und Niederlage bereits feststehen, bevor du dich bewegst und handelst, dann wirst du nicht verwirrt handeln und dich nicht selbst zermürben, falls du dich erhebst.

Mei Yaochen

Wenn du weißt, was dem anderen zum Vorteil gereicht und was dir zum Vorteil gereicht, dann bist du nicht in Gefahr. Wenn du das Wetter und das Terrain kennst, wirst du nicht in eine ausweglose Lage geraten.

11. Neun Arten von Gelände

MEISTER SUN

Gemäß den Regeln der Kriegskunst gibt es neun Arten von Gelände. Wo örtliche Interessen auf ihrem eigenen Territorium miteinander im Wettstreit liegen, spricht man vom Gelände der Auflösung.

Cao Cao

Wenn die Soldaten dem Land verbunden und nahe der Heimat sind, zerfallen die Streitkräfte leicht.

MEISTER SUN

Wenn du des anderen Land betrittst, aber nicht tief eindringst, spricht man von leichtem Gelände.

Cao Cao

Dies bedeutet, daß die Soldaten leicht wieder zurückkehren können.

Du Mu

Wenn eine Armee vorrückt und eine Grenze überschreitet, sollte sie Boote und Brücken verbrennen, um dem Volk zu zeigen, daß sie nicht beabsichtigt, schwankend zu werden.

MEISTER SUN

Ein Gebiet, das für dich von Vorteil wäre, würdest du es erobern, und das für den Gegner von Vorteil wäre, würde er es erobern, heißt umkämpftes Gelände.

Cao Cao

Es ist ein Gebiet, von dem aus die Minderzahl die Überzahl besiegen und die Schwachen die Starken angreifen könnten.

Du Mu

Ein Gelände, das in jedem Fall umkämpft ist, ist jede natürliche Barriere oder jeder strategisch wichtige Paß.

MEISTER SUN

Ein Gelände, wo du und die anderen kommen und gehen können, wird verbindendes Gelände genannt.

Zhang Yu

Gibt es in dem Gebiet viele Straßen und ist es möglich, sich frei zu bewegen, ohne daß es unterbunden werden könnte, dann spricht man von verbindendem Gelände.

MEISTER SUN

Ein Gelände, das auf drei Seiten von Widersachern umgeben ist und das demjenigen, der es als erster besetzt, Zugang zum ganzen Volk auf dem Kontinent geben würde, wird sich überschneidendes Gelände genannt.

He Yanxi

Mit sich überschneidendem Gelände sind Überschneidungen von wichtigen Verkehrswegen gemeint, die zahlreiche Straßensysteme miteinander verbinden: Besetze zuerst dieses Gelände, und dem Volk bleibt nichts anderes übrig, als dir zu folgen. Wenn du es also eroberst, bist du in Sicherheit, verlierst du es, schwebst du in Gefahr.

MEISTER SUN

Wenn du tief in feindliches Gebiet eindringst, vorbei an Städten und Dörfern, spricht man von schwerem Gelände.

Cao Cao

Dies ist ein Gebiet, aus dem es schwierig ist zurückzukehren.

MEISTER SUN

Durchquerst du Bergwälder, tiefe Schluchten, Sümpfe oder andere Stellen, wo es schwierig ist vorwärtszukommen, dann handelt es sich um unwegsames Gelände.

He Yanxi

Ein unwegsames Gelände ist ein Gebiet, das unsicher ist und sich nicht für den Bau von Befestigungsanlagen und Schützengräben eignet. Es ist am besten, ein solches Gelände so schnell wie möglich zu verlassen.

MEISTER SUN

Ist der Weg hinein schmal und der Weg hinaus verschlungen, so daß eine kleine gegnerische Streitmacht dich angreifen kann, obwohl deine Truppen in der Mehrzahl sind, dann handelt es sich um eingekreistes Gelände.

Mei Yaochen

Wenn du über eine außergewöhnliche Anpassungsfähigkeit verfügst, kannst du dich auch auf solchem Gelände bewegen.

Zhang Yu

Auf einem Gelände, das vorne und hinten schwer zugänglich ist, kann ein einziger Verteidiger tausend Mann abwehren. Auf einem derartigen Gelände siegst du also, wenn du einen Hinterhalt anlegst.

MEISTER SUN

Wenn ein rascher Angriff das Überleben sichert und ein zögernder Angriff die Vernichtung bedeutet, dann spricht man von sterbendem Gelände.

Chen Hao

Menschen auf sterbendem Gelände befinden sich gleichsam in einem sinkenden Boot; sie liegen gewissermaßen in einem brennenden Haus.

Mei Yaochen

Wenn du nicht vorrücken und dich nicht zurückziehen kannst und auch seitlich nicht ausweichen kannst, dann hast du keine andere Wahl, als auf der Stelle anzugreifen.

Meister Sun

Laß es daher auf einem Gelände der Auflösung nicht zu einem Kampf kommen. Auf leichtem Gelände halte nicht inne. Auf umkämpftem Gelände greife nicht an. Auf verbindendem Gelände achte darauf, daß du nicht abgeschnitten wirst. Auf sich überschneidendem Gelände stelle Verbindungen her. Auf schwerem Gelände plündere, auf unwegsamem Gelände gehe weiter. Auf eingekreistem Gelände schmiede Pläne und auf sterbendem Gelände kämpfe.

Li Quan

Auf einem Gelände der Auflösung werden die Soldaten vielleicht fliehen.

Mei Yaochen

Man spricht von leichtem Gelände, wenn die Soldaten feindliches Gebiet gerade erst betreten haben, aber noch nicht in die Enge getrieben wurden. Daher ist die Aufmerksamkeit der Soldaten noch nicht wirklich konzentriert, und sie sind noch nicht bereit für den Kampf. An diesem Punkt ist es äußerst wichtig, bedeutende Städte und Verbindungswege zu vermeiden, und es ist von Vorteil, rasch vorzurücken.

Cao Cao

Es ist nicht günstig, einen Feind auf einem umkämpften Gelände anzugreifen; es ist aber von Vorteil, als erster dort zu sein.

Wang Xi

Auf verbindendem Gelände sollte man es vermeiden, abgeschnitten zu werden, damit die Straßen zum eigenen Vorteil als Nachschublinien genützt werden können.

Meng Shi

Auf sich überschneidendem Gelände bist du sicher, wenn du Bündnisse eingehst. Gehst du allerdings dieser Bündnisse verlustig, dann bist du in Gefahr.

Cao Cao

Auf schwerem Gelände plündern bedeutet, Nachschub zu beschaffen.

Li Quan fügte hinzu: »Wenn du tief in feindliches Gebiet vordringst, solltest du dir das Volk nicht zum Gegner machen, indem du ungerecht handelst. Als der Begründer der Han-Dynastie in die Heimat der verdrängten Qin-Dynastie vordrang, kam es weder zu Raub noch zu Plünderungen, und so hat er die Herzen der Menschen gewonnen.«

Li Quan

Unwegsames Gelände solltest du so schnell wie möglich verlassen, da es dir unmöglich ist, Gräben anzulegen.

Cao Cao

Auf eingekreistem Gelände bringe Überraschungstaktiken ins Spiel.

Chen Hao

Wenn sie in sterbendes Gelände geraten, dann wird jeder in der Armee von sich aus kämpfen. Daher heißt es: »Führe sie auf sterbendes Gelände, und sie werden leben.«

Meister Sun

Jene, die in alter Zeit als vortreffliche Krieger bekannt waren, wußten zu verhindern, daß Vorhut und Nachhut des Gegners einander erreichen und sich kleine und große Gruppen aufeinander verlassen konnten. Sie wußten zu verhindern, daß sich die verschiedenen sozialen Klassen des Gegners gegenseitig um ihr Wohlergehen sorgen und die Vorgesetzten und Untergebenen einander unterstützen konnten. Sie wußten zu verhindern, daß die Soldaten engagiert waren und Zusammenhalt innerhalb der Armee bestand. Sie traten in Aktion, wenn es für sie von Vorteil war, und hielten inne, wenn es dies nicht war.

Li Quan

Sie verwirrten ihren Gegner durch plötzliche Änderungen

ihrer Taktik, sie griffen hier und dort an, versetzten ihn in Angst und Schrecken und brachten ihn so durcheinander, daß er keine Zeit mehr hatte, Pläne zu entwerfen.

MEISTER SUN

Du magst dich fragen, wie du wohl mit gut organisierten Gegnern, die auf dich zukommen, fertig wirst? Die Antwort ist, daß du ihnen zuerst nimmst, was sie lieben. Dann werden sie auf dich hören.

Wang Xi

Besetze zuerst eine Schlüsselposition und schneide ihnen mit Hilfe besonders schlagkräftiger Einheiten die Nachschubwege ab. Dann werden sie so handeln, wie du es geplant hast.

Chen Hao

Was sie lieben, damit sind nicht nur die Vorteile, auf die sie sich verlassen, gemeint, sondern auch, daß alles, was dem Feind am Herzen liegt, es wert ist, erbeutet zu werden.

MEISTER SUN

Schnelligkeit ist die wesentliche Eigenschaft einer Streitmacht. Nütze es aus, wenn der andere dich nicht einholen kann; schlage Wege ein, die er nicht erwartet; greife an, wo er nicht auf der Hut ist.

Chen Hao

Dies bedeutet, daß du es ausnützen mußt, wenn dein Gegner unvorbereitet ist und es ihm an Voraussicht oder Umsicht mangelt. Du mußt schnell handeln; es wird nicht gelingen, wenn du zögerst.

MEISTER SUN

Im allgemeinen besteht das Prinzip einer Invasion darin, daß die Eindringlinge um so geeinter sind, je tiefer sie ins gegnerische Gebiet vordringen. Dann kann die sich verteidigende Führung sie nicht mehr bezwingen.

Du Mu

Das Muster einer Invasion besteht darin, daß die Soldaten entschlossen sind, bis zum Tod zu kämpfen, wenn sie tief in feindliches Gebiet eingedrungen sind. Sie haben einen starken gemeinsamen Willen, so daß die einheimische Führung sie nicht schlagen kann.

Meister Sun

Sammle, was du auf fruchtbaren Feldern findest, und deine Armee wird genug zu essen haben. Sorge für deine Gesundheit und vermeide jede Überanstrengung, konzentriere deine Energie und geh sparsam mit deinen Kräften um. Truppenbewegungen und Strategien mußt du so ausführen, daß du unergründlich bist.

Wang Xi

Stärke deinen Kampfgeist, sammle deine überschüssige Stärke, halte deine Form verborgen und deine Pläne geheim, sei unergründlich für den Gegner und warte, bis er sich eine Blöße gibt, um gegen ihn vorzurücken.

Meister Sun

Führe sie in Stellungen, die keinen Ausweg offen lassen, und sie werden nicht fliehen, auch wenn sie sterben müssen. Wenn sie dazu bestimmt sind, dort zu sterben, wozu wären sie dann nicht imstande? Krieger entfalten ihre gesamte Kraft. Wenn sie sich in großer Gefahr befinden, dann kennen sie keine Furcht. Wenn sie keinen Ausweg haben, dann sind sie entschlossen; wenn sie tief in etwas verwickelt sind, dann lassen sie nicht davon ab; wenn sie keine Wahl haben, dann kämpfen sie.

Cao Cao

Wenn Menschen verzweifelt sind, dann kämpfen sie bis zum Tod.

Meister Sun

Daher sind die Soldaten wachsam, ohne daß du sie dazu er-

mahnen müßtest. Sie melden sich freiwillig, ohne daß du sie einberufen müßtest; sie unterstützen dich, ohne daß du sie dazu auffordern mußt; sie sind zuverlässig, ohne daß du Befehle erteilen müßtest.

Du Mu

Dies bedeutet, daß Krieger, die sich in Lebensgefahr befinden, alle das gleiche Ziel verfolgen, gleichgültig welchen Rang sie innehaben. Daher sind sie ganz von selbst wachsam, ohne daß sie dazu ermahnt werden müßten. Sie bieten ihre Unterstützung an, ohne dazu aufgefordert werden zu müssen, und sie sind von sich aus zuverlässig, ohne daß es dazu irgendwelcher Verträge oder Befehle bedarf.

Meister Sun

Verbiete die Wahrsagerei, zerstreue die Zweifel, und die Soldaten werden dich nie verlassen. Wenn deine Soldaten nichts Überflüssiges besitzen, so heißt das nicht, daß sie materielle Güter verabscheuen. Wenn sie kein Leben mehr vor sich haben, dann heißt das nicht, daß sie nicht lange leben wollen. An dem Tag, an dem der Befehl zum Ausrücken ergeht, weinen die Soldaten.

Cao Cao

Sie lassen ihre Güter im Stich und ziehen in den Tod, weil ihnen keine andere Wahl bleibt. Sie weinen, weil sie alle den Tod vor Augen haben.

Du Mu

Wenn die Soldaten wertvolle Dinge besitzen, hängen sie vielleicht so sehr an ihnen, daß ihnen die Entschlossenheit fehlt, bis zum Tod zu kämpfen; und alle sind dem Tod geweiht.

Wang Xi

Sie weinen, weil sie aufgewühlt sind.

Meister Sun

Daher sollte eine geschickte militärische Operation einer

schnellen Schlange gleichen, die mit dem Schwanz zurückschlägt, wenn ihr jemand einen Schlag auf den Kopf versetzt, die mit dem Kopf zustößt, wenn ihr jemand einen Schlag auf den Schwanz versetzt, und die sich mit Kopf und Schwanz wehrt, wenn jemand sie in der Mitte trifft.

Zhang Yu

Dies stellt das Verhalten einer Schlachtlinie dar, die schnell reagiert, wenn sie angegriffen wird. Ein Handbuch über acht klassische Schlachtformationen sagt: »Mache die Nachhut zur Vorhut, mach die Vorhut zur Nachhut, mit vier Häuptern und acht Schwänzen. Laß das Haupt irgendwo sein, und wenn der Feind einen Ausfall gegen die Mitte macht, dann kommen Haupt und Schwanz zu Hilfe.«

Meister Sun

Du magst fragen, ob eine Streitkraft dieser flinken Schlange gleichen kann? Die Antwort ist: Sie kann.

Selbst Menschen, die einander nicht mögen, werden einander helfen, wenn sie im gleichen Boot sitzen und in Schwierigkeiten geraten.

Mei Yaochen

Es ist die Macht der Umstände, die dies bewirkt.

Meister Sun

Daher sind angebundene Pferde und eingegrabene Räder nicht verläßlich genug.

Du Mu

Pferde werden angebunden, um eine feststehende Schlachtreihe aufzubauen; Räder werden eingegraben, um die Wagen unbeweglich zu machen. Aber selbst dies ist nicht sicher und verläßlich genug. Du mußt dich den Veränderungen anpassen können und die Soldaten in tödliche Situationen bringen, damit sie spontan kämpfen und einander helfen wie die rechte Hand der linken hilft. Dies ist der Weg zu Sicherheit und zur Erlangung des Sieges.

Meister Sun

Verschiedene Stufen von Tapferkeit auszugleichen und zu vereinheitlichen, das ist das Tao der Organisation. Erfolg im Harten und im Weichen liegt in der Struktur des Geländes begründet.

Chen Hao

Sind die Befehle streng und klar, können die Tapferen nicht von sich aus vorrücken und die Feigen nicht von sich aus zurückbleiben. Daher gleicht die Armee einem einzigen Mann.

Zhang Yu

Wenn du den Vorteil des Geländes auf deiner Seite hast, kannst du den Gegner sogar mit weichen, schwachen Truppen besiegen – um wieviel leichter ist es dann mit harten, starken Truppen! Was es sowohl den Starken als auch den Schwachen erlaubt, sich nützlich zu machen, sind die Geländeverhältnisse.

Meister Sun

Daher gelingt es jenen, die in militärischen Operationen geschickt sind, die Zusammenarbeit in einer Gruppe zu fördern, so daß sie sie lenken können, so wie sie ein einzelnes Individuum lenken, dem keine andere Wahl bleibt.

Du Mu

Menschen, die keine andere Wahl haben, sind eine Metapher für die Leichtigkeit, mit der sie gelenkt werden können.

Meister Sun

Ein General handelt verschwiegen und geheim, fair und geordnet .

Mei Yaochen

Bist du verschwiegen und unauffällig, werden die anderen dich nicht einzuschätzen wissen. Bist du genau und ordentlich, werden die andern nicht fähig sein, dich zu stören.

Zhang Yu

Er plant in der Stille und im Verborgenen, so daß niemand seine Pläne aufdecken kann. Sein Befehlsstil ist fair und geordnet, daher wagt es niemand, ihn nicht ernst zu nehmen.

MEISTER SUN

Er kann Augen und Ohren der Soldaten täuschen und sie uninformiert und unwissend lassen.

Li Quan

Der Grund dafür ist, daß seine Pläne noch nicht ausgereift sind und er nicht will, daß die Soldaten darüber Bescheid wissen, denn es ist angemessen, sich mit ihnen am Endergebnis zu erfreuen, nicht aber, die Anfangsstrategie mit ihnen gemeinsam zu planen.

Du Mu und Zhang Yu

Dies dient dazu, sie nichts wissen, sondern sie nur Befehle ausführen zu lassen, ohne sie über irgend etwas anderes zu unterrichten.

MEISTER SUN

Er ändert seine Maßnahmen und revidiert seine Pläne, so daß die anderen im unklaren darüber bleiben. Er wechselt seinen Aufenthaltsort und geht verschlungene Wege, so daß die anderen ihm nicht zuvorkommen können.

Zhang Yu

Wenn die anderen nie deine Absichten verstehen, dann wirst du gewinnen. Der Große Mann vom Weißen Berg sagte: »Der Grund dafür, warum Täuschung im Krieg so wichtig ist, liegt nicht nur darin, daß du den Feind täuschen mußt, sondern an erster Stelle darin, daß du die eigenen Truppen täuschen mußt, damit sie dir unwissend folgen.«

MEISTER SUN

Wenn sich ein Führer mit seinen Truppen ein Ziel setzt, ist es, als würde er irgendwo hinaufklettern und dann die Leiter umwerfen. Wenn ein Führer mit seinen Truppen tief in feindliches Gebiet vordringt, setzt er ihr Potential frei. Er läßt sie die Boote verbrennen und die Töpfe zerstören; er treibt sie wie eine Schafherde hin und her, und keiner weiß, wohin sie marschieren.

Cao Cao

Er eint ihren Geist.

Li Quan

Eine Armee, die zurückkommt, hat ihre Boote und Brücken verbrannt, um ihren Willen zu festigen; da die Soldaten die Pläne nicht kennen, denken sie auch nicht daran, zurückzublicken; daher sind sie wie eine Herde von Schafen.

Meister Sun

Die Armeen sammeln und sie in eine gefährliche Situation bringen, das ist die Aufgabe der Generäle. Die Anpassung an verschiedene Arten von Gelände, die Vorteile von Zusammenziehen und Ausdehnen, die Muster der menschlichen Gefühle und Bedingungen – all dies muß untersucht werden.

Du Mu

Wenn er von den Vorteilen und Nachteilen von Zusammenziehen und Ausdehnen spricht, dann meint er, daß die gewöhnlichen Muster der menschlichen Gefühle sich alle gemäß den verschiedenen Arten von Gelände wandeln.

Meister Sun

Im allgemeinen verhält es sich mit den Angreifern so, daß sie sich einen, wenn sie sich tief auf feindlichem Gebiet befinden, aber daß sie nahe der Auflösung sind, wenn sie sich erst am Rande desselben befinden. Wenn du im Zuge einer militärischen Operation dein Land verläßt und die Grenze überschreitest, handelt es sich um isoliertes Gelände. Wenn es von allen Seiten zugänglich ist, ist es verbindendes Gelände. Wenn du weit vorgedrungen bist, ist es schweres Gelände. Wenn du nicht weit vorgedrungen bist, handelt es sich um leichtes Gelände. Wenn du eine uneinnehmbare Festung im

Rücken hast und vor dir Engstellen liegen, dann handelt es sich um eingekreistes Gelände. Wenn es keinen Ausweg gibt, dann ist es tödliches Gelände.

Deshalb würde ich auf einem Gelände der Auflösung den Willen der Truppen einen. Auf leichtem Gelände würde ich sie untereinander in Verbindung stehen lassen. Auf umkämpftem Gelände würde ich sie schnell nachrücken lassen. Auf sich überschneidendem Gelände würde ich sorgfältig mit der Verteidigung umgehen. Auf verbindendem Gelände würde ich die Bündnisse festigen. Auf schwerem Gelände würde ich für ständigen Nachschub sorgen. Auf unwegsamem Gelände würde ich zum Vormarsch drängen. Auf eingekreistem Gelände würde ich Lücken schließen. Auf tödlichem Gelände würde ich ihnen zu verstehen geben, daß es kein Überleben gibt.

Im Wesen der Soldaten liegt es, Widerstand zu leisten, wenn sie umzingelt sind, zu kämpfen, wenn es nicht vermieden werden kann, und zu gehorchen, wenn sie sich in Extremsituationen befinden.

Du Mu

Erst wenn die Soldaten eingekreist sind, ist jeder von ihnen so entschlossen, daß er dem Feind Widerstand leistet und den Sieg mitträgt. Sind sie verzweifelt, dann bilden sie eine geschlossene Verteidigung.

Meng Shi

Wenn sie in eine Zwangslage gebracht werden, legen sie absoluten Gehorsam an den Tag.

Meister Sun

Daher können jene, die die Pläne ihres Widersachers nicht kennen, keine Bündnisse vorbereiten. Jene, die die Beschaffenheit des Terrains nicht kennen, können keine Truppenbewegungen durchführen. Jene, die keine einheimischen Führer einsetzen, können die Vorteile des Terrains nicht ausnützen. Das Militär eines erfolgreichen Herrschers muß um alle diese Dinge wissen.

Wenn die Armee eines erfolgreichen Herrschers ein großes Land angreift, dann kann sich das Volk dort nicht zusammenschließen. Wenn seine Macht den Gegner überwältigt, können sich keine Bündnisse bilden.

Wang Xi

Bist du imstande, die Pläne deines Gegners aufzudecken, die Vorteile, die das Gelände bietet, auszunützen und den Gegner in eine hilflose Lage zu versetzen, dann kann selbst ein großes Land nicht genug Menschen sammeln, um dir Einhalt zu gebieten.

Zhang Yu

Wenn du dich auf die Macht des Reichtums und der Stärke verläßt und ein großes Land übereilt angreifst, dann wird dein eigenes Volk dir das Leiden übelnehmen, das daraus entsteht, und sich nicht vereint hinter dich stellen. Wenn du für die gegnerischen Staaten eine überwältigende militärische Bedrohung darstellst, werden ihre Anführer dich fürchten und es nicht wagen, Bündnisse zu bilden.

Meister Sun

Wenn du also nirgends versuchst, um Bündnisse zu wetteifern, dann verstärke auch nirgends die Macht, sondern dehne nur deinen persönlichen Einfluß aus, indem du den Gegner bedrohst. Dann sind die Städte und das Land angreifbar.

Zhang Yu

Wenn du nicht um Bündnispartner und Gehilfen wetteiferst, dann wirst du isoliert und ohne Hilfe sein. Wenn du deine Macht nicht verstärkst, dann wird das Volk wegziehen, und das Land wird geschwächt. Wenn du deinem persönlichen Zorn freien Lauf läßt und den Nachbarn Gewalt androhst, dann wirst du letzten Endes deine eigene Vernichtung herbeiführen.

Eine andere Interpretation besagt: Wenn ein feindliches Land sein Volk nicht einen, seine Truppen nicht sammeln kann und keine Bündnisse schließen kann, dann untergrabe seine Beziehungen und raube ihm seine Autorität. So kannst du deinen Wünschen Geltung verschaffen und deine Gegner in Schrecken versetzen. Dann wird es dir gelingen, ihre Festungen einzunehmen und ihre Länder zu unterwerfen.

Meister Sun

Teile Belohnungen aus, die nicht vorgesehen sind, gib Befehle aus, die nicht im Reglement enthalten sind.

Mei Yaochen

Geh vom Verdienst aus, wenn du Belohnungen austeilst, und nicht von vorher festgesetzten Regeln. Beobachte den Gegner, bevor du Versprechungen machst, und setze nicht vorher Bestimmungen dafür fest.

Jia Lin

Wenn du eine befestigte Stadt erstürmen und eine Nation besiegen willst, dann erstelle ein System von Bestrafungen und Belohnungen außerhalb deines Landes und führe Anweisungen außerhalb deiner Regierung aus, damit du nicht an deinen gewöhnlichen Regeln und Bestimmungen klebst.

Meister Sun

Führe das gesamte Heer, als würdest du eine einzelne Person führen. Beschäftige sie mit konkreten Aufgaben, aber sprich mit ihnen nicht darüber. Motiviere sie durch Vorteile, aber sprich mit ihnen nicht über die Nachteile.

Mei Yaochen

Setze sie nur für den Kampf ein, verrate ihnen nicht deine Strategie. Laß sie nur wissen, welchen Vorteil etwas für sie bringt, aber informiere sie nicht über die möglichen Nachteile.

Wang Xi

Wenn die Wahrheit durchsickert, wird deine Strategie untergraben. Sind die Soldaten besorgt, dann werden sie ängstlich und zögernd handeln.

Zhang Yu

Es liegt im Wesen der Menschen, nach vermeintlichen Vorteilen zu streben und zu versuchen, künftigen Schaden abzuwenden.

Meister Sun

Konfrontiere sie mit ihrer Vernichtung, und sie werden überleben; bring sie in eine tödliche Lage, und sie werden leben. Wenn Menschen in Gefahr geraten, dann sind sie fähig, um den Sieg zu ringen.

Mei Yaochen

Solange die Soldaten nicht in einer schwierigen Lage gefangen sind, sind sie nicht völlig konzentriert; sobald sie in Gefahren und Schwierigkeiten geraten sind, hängen Sieg oder Niederlage von dem ab, was sie tun.

Meister Sun

Daher besteht die Aufgabe bei einer militärischen Operation darin, vorzugeben, mit der Absicht des Feindes übereinzustimmen. Wenn du dich gänzlich auf den Feind konzentrierst, kannst du seine militärische Führung töten, auch wenn sie tausend Meilen entfernt ist. Dies bedeutet, die Aufgabe vortrefflich zu meistern.

Du Mu

Wenn du einen Feind angreifen willst, aber keine Möglichkeit siehst, dann verbirg deine Form und verwische deine Spuren. Passe dich dem an, was der Gegner tut, und tu nichts Überraschendes. Wenn der Gegner stark ist und dich verachtet, erscheine feig und unterwürfig, und passe dich vorläufig seiner Stärke an, um ihn hochmütig zu machen. Warte, bis er selbstgefällig und angreifbar wird. Will der Feind sich zurückziehen und heimgehen, laß ihm einen Ausweg offen und laß ihn ziehen. Passe dich seinem Rückzug an, so daß er nicht den Wunsch verspürt zu kämpfen, und nütze dies letzten Endes aus, um ihn anzugreifen. Beides sind Techniken, im Einklang mit dem Feind zu handeln.

Zhang Yu

Folge zuerst ihren Absichten, töte dann ihre Generäle. Dies ist Geschick im Vollbringen der Aufgabe.

Meister Sun

An dem Tag also, an dem der Krieg erklärt wird, werden die Grenzen geschlossen, die Ausweispapiere zerrissen und Abgesandte nicht durchgelassen.

Zhang Yu

Sobald alle Faktoren auf höchster Ebene beurteilt sind und eine militärische Strategie entwickelt ist, werden die Grenzen gesperrt und die Ausweispapiere eingezogen. Es werden keine Abgesandten durchgelassen, um zu vermeiden, daß Informationen nach außen sickern können.

Meister Sun

Alle Angelegenheiten werden in den Hauptquartieren aufs genaueste beraten.

Mei Yaochen

Genauigkeit in den Hauptquartieren während des Planungsstadiums bezieht sich auf die Geheimhaltung.

Meister Sun

Wenn der Gegner sich eine Blöße gibt, solltest du unverzüglich vorrücken. Nimm den Ort ein, der dem Feind am wichtigsten ist, und komm ihm dabei heimlich zuvor. Halte die Disziplin aufrecht und passe dich dem Feind an, damit du den Ausgang des Krieges bestimmen kannst. Anfangs gleichst du einer Jungfrau; daher öffnet dir der Feind sein Tor; dann bist du flink wie ein entsprungenes Kaninchen; daher kann der Feind dich nicht abwehren.

12. Angriff durch Feuer

MEISTER SUN

Es gibt fünf Arten des Angriffs durch Feuer: Verbrennen von Menschen, Verbrennen von Nachschub, Verbrennen von Ausrüstung, Verbrennen von Lagerhäusern und Verbrennen von Waffen.

Für den Einsatz von Feuer müssen gewisse Voraussetzungen gegeben sein, und er erfordert gewisse Werkzeuge. Es gibt einen angemessenen Zeitpunkt, um Feuer zu legen, nämlich wenn das Wetter trocken und windig ist.

Im allgemeinen ist es beim Angriff durch Feuer unumgänglich, auf die Veränderungen zu reagieren, die durch das Feuer verursacht werden. Wenn das Feuer innerhalb eines feindlichen Lagers gelegt wird, dann reagiere schnell von draußen. Verhalten sich die Soldaten ruhig, wenn das Feuer ausbricht, warte ab - greif nicht an. Wenn das Feuer den Höhepunkt seines Wütens erreicht, greif an, wenn möglich, sonst halte inne.

DU MU

Im allgemeinen wird das Feuer dazu benützt, den Feind in Verwirrung zu stürzen, damit du ihn angreifen kannst. Es ist nicht einfach, einen Feind durch Feuer zu vernichten. Wenn du hörst, daß das Feuer ausgebrochen ist, solltest du angreifen. Sobald das Feuer unter Kontrolle gebracht wurde und das Volk sich beruhigt hat, hat es keinen Sinn mehr anzugreifen. Daher sagt Meister Sun, du solltest rasch angreifen.

MEISTER SUN

Wenn das Feuer im Freien gelegt werden kann, warte nicht, bis es im Inneren eines Lagers gelegt werden kann. Lege es, wenn der richtige Zeitpunkt gekommen ist.

Zhang Yu

Ein Feuer kann auch draußen gelegt werden, im Feld; es ist nicht nötig zu warten, bis das Feuer innerhalb des feindlichen Lagers gelegt werden kann. Vorausgesetzt, es bietet sich eine Gelegenheit, soll das Feuer zum angemessenen Zeitpunkt gelegt werden.

MEISTER SUN

Wenn das Feuer windwärts gelegt wird, greife nicht gegen den Wind an.

Mei Yaochen

Es ist nicht sinnvoll, gegen die Kraft des Feuers anzukämpfen, denn der Feind wird sicher auf Leben und Tod kämpfen.

MEISTER SUN

Wenn es während des Tages windig ist, wird der Wind sich in der Nacht legen.

Mei Yaochen

Weht tagsüber Wind, wird er sich in der Nacht legen, weht während der Nacht Wind, dann wird er bei Anbruch des Tages abflauen.

MEISTER SUN

Armeen müssen es verstehen, diese fünf Arten des Angriffs durch Feuer flexibel einzusetzen und sich mit wissenschaftlicher Genauigkeit daran zu halten.

Zhang Yu

Es reicht nicht, daß du weißt, wie du andere mit Feuer angreifen kannst. Es ist äußerst wichtig zu wissen, andere davon abzuhalten, dich anzugreifen. Du solltest die Entwicklung der Wetterlage mit einberechnen und dich streng an den Grundsatz halten, einen Angriff durch Feuer nur an einem Tag auszuführen, der von den Windverhältnissen her dafür geeignet ist.

Meister Sun

Daher bedeutet der Einsatz von Feuer, der einen Angriff unterstützt, Klarheit; der Einsatz von Wasser, der einen Angriff unterstützt, bedeutet Stärke. Wasser kann den Gegner abschneiden, aber nicht seine Ausrüstung vernichten.

Zhang Yu

Wenn du Feuer einsetzt, um einen Angriff zu unterstützen, kannst du gewiß dadurch siegen. Wasser kann eingesetzt werden, um eine feindliche Armee zu spalten, so daß ihre Kraft geteilt und deine ungebrochen ist.

Meister Sun

Wer einen Kampf gewinnt oder eine Belagerung erfolgreich durchführt, ohne die Verdienstvollen zu belohnen, verhält sich unglücklich und wird knausrig genannt. Deshalb heißt es, daß eine erleuchtete Regierung dies in Betracht zieht und eine gute militärische Führung Verdienste belohnt. Sie machen nicht mobil, wenn sich daraus kein Vorteil ergibt, sie handeln nicht, wenn es nichts zu gewinnen gibt, sie kämpfen nicht, wenn keine Gefahr droht.

Zhang Yu

Waffen sind unheilvolle Geräte; der Krieg ist eine gefährliche Angelegenheit. Es ist unabdingbar notwendig, eine verheerende Niederlage abzuwehren; daher reicht es nicht, eine Armee aus nichtigen Gründen zu mobilisieren. Waffen dürfen nur dann benützt werden, wenn keine andere Wahl mehr bleibt.

Meister Sun

Eine Regierung sollte die Armee nicht aus Zorn mobilmachen; militärische Führer sollten einen Krieg nicht aus Wut provozieren. Zorn kann sich in Freude kehren, Wut kann sich in Entzücken wandeln, aber eine zerstörte Nation kann nicht wiederhergestellt und die Toten können nicht wieder zum Leben erweckt werden. Daher geht eine erleuchtete Regierung sorgfältig damit um, und eine gute militärische Führung nimmt sich davor in acht. Dies ist der Weg, einer Nation den Frieden zu erhalten und die Unversehrtheit der bewaffneten Kräfte zu bewahren.

Cao Cao

Greif nicht zu den Waffen, nur weil deine Gefühle dich dazu treiben.

Wang Xi

Wenn du in deinen Gefühlen widersprüchlich bist, wirst du deine Würde und Glaubwürdigkeit verlieren.

Zhang Yu

Ist die Regierung stets sorgfältig, was den Umgang mit Waffen betrifft, kann sie die Sicherheit der Nation gewährleisten. Hütet sich die militärische Führung stets davor, den Krieg leicht zu nehmen, dann kann sie die Unversehrtheit der bewaffneten Kräfte bewahren.

13. Über den Einsatz von Spionen

MEISTER SUN

Eine größere militärische Operation ist eine schwere Belastung für die Nation und kann sich im Kampf um den Sieg, der an einem einzigen Tag errungen wird, über Jahre hinziehen. Wenn man also die Bedingungen beim Gegner nicht kennt, weil man die Ausgaben für die Entlohnung von Spionen scheut, ist dies der Gipfel der Unmenschlichkeit und zeichnet weder einen wahren militärischen Führer noch eine Stütze der Regierung oder einen siegreichen Herrscher aus. Was also eine kluge Regierung und eine weise militärische Führung dazu befähigt, andere zu besiegen und außerordentliche Leistungen zu erbringen, ist ihr Vorherwissen.

Vorherwissen kann nicht Geistern und Dämonen entlockt werden; es kann nicht durch Analogien abgeleitet werden; es kann nicht durch Berechnungen ermittelt werden. Es muß von Menschen erworben werden, von Menschen, die die Bedingungen beim Gegner kennen.

Es gibt fünf Arten von Spionen: der ortsansässige Spion, der innere Spion, der Gegenspion, der tote Spion und der lebendige Spion. Wenn alle diese fünf Arten von Spionen in Aktion treten, weiß niemand um ihre Wege - dies nennt man organisatorisches Genie. Es ist das kostbarste Gut eines Herrschers. Ortsansässige Spione werden unter der Bevölkerung eines Ortes angeworben. Innere Spione werden unter den feindlichen Offizieren rekrutiert. Gegenspione werden unter den feindlichen Spionen angeworben. Tote Spione lassen den gegnerischen Spionen falsche Nachrichten zukommen. Lebendige Spione kehren zurück, um Bericht zu erstatten.

Zhang Yu

Innere Spione werden unter den unzufriedenen Offizieren

des gegnerischen Regimes oder unter den Verwandten von Offizieren angeworben, die exekutiert wurden.

Du Mu

Unter den Offizieren des gegnerischen Regimes befinden sich intelligente Offiziere, die ihre Arbeit verloren haben; es gibt solche, die für Übertretungen bestraft wurden, und es gibt gierige Günstlinge. Es gibt Offiziere, die in die niedrigeren Rängen verbannt sind, und solche, die keine Verwendung finden; es gibt solche, die versuchen, einen Zusammenbruch zu nützen, um ihren eigenen Reichtum und ihre Macht auszubauen, und es gibt solche, deren Handlungen immer von Täuschung und Scheinheiligkeit geprägt sind. Jedem von ihnen kannst du dich heimlich nähern und ihn bestechen, um die Bedingungen herauszufinden, die in ihrem Land herrschen, und um die Pläne aufzudecken, die gegen dich geschmiedet werden. Sie können aber auch dazu benützt werden, um Unstimmigkeiten und Spaltungen herbeizuführen.

Li Quan

Wenn die feindlichen Agenten dir nachspionieren, besteche sie großzügig, um sie dazu zu bewegen, statt dessen für dich zu arbeiten. Dies sind dann Gegenspione, Überläufer oder Doppelagenten.

Wang Xi

Gegenspione sind feindliche Spione, die du festhältst und dazu bringst, dir Informationen zu liefern, oder die du mit falschen Auskünften zurückschickst. Tote Spione sind jene, die von ihren eigenen Führern dazu verleitet wurden, falsche Informationen an den Feind weiterzugeben. Wenn der tatsächliche Sachverhalt aufgedeckt wird, werden sie in jedem Fall getötet.

Du You

Wenn deine Spione falsche Informationen erhalten, die sie bei ihrer Gefangennahme an den Feind weitergeben, dann trifft der Feind seine Vorbereitungen entsprechend diesen Informationen. Wenn die Dinge dann einen anderen Verlauf nehmen, müssen diese Spione sterben. Daher heißen sie tote Spione.

Du Mu

Lebendige Spione sind solche, die mit Informationen kommen und gehen. Als lebendige Spione müssen jene gewählt werden, die in ihrem Inneren klug sind, die aber nach außen hin dumm erscheinen, deren Erscheinung unauffällig ist, die aber entschlossen, schnell, kraftvoll und tapfer sind, die jeder Verführung widerstehen und Hunger, Kälte und Schande ertragen können.

Meister Sun

Daher wird niemand in den Streitkräften so vertraulich behandelt wie Spione, niemand wird reicher belohnt als Spione, und nichts ist geheimer als die Arbeit der Spione.

Du You

Wenn Spione nicht gut behandelt werden, besteht die Gefahr, daß sie zu Überläufern werden, für den Feind arbeiten und dabei Informationen über dich ausstreuen. Um ihre Arbeit tun zu können, müssen sie reichlich belohnt werden und großes Vertrauen genießen. Wenn sie ihre Spionagetätigkeit nicht geheimhalten, kommt dies einem Selbstmord gleich.

Meister Sun

Man kann Spione nicht ohne Scharfsinn und Weisheit einsetzen; man kann Spione nicht ohne Menschlichkeit und Gerechtigkeit führen; man kann die Wahrheit von Spionen nicht ohne Subtilität erfahren. Es ist tatsächlich eine sehr heikle Angelegenheit. Spione sind überall von Nutzen.

Du Mu

Bei jeder Angelegenheit ist es wichtig, im vorhinein Bescheid zu wissen.

MEISTER SUN

Wenn etwas, das eigentlich Gegenstand von Spionagetätigkeit ist, bekannt wird, noch bevor der Spion davon berichtet hat, müssen sowohl der Spion als auch derjenige, der darüber gesprochen hat, sterben.

Mei Yaochen

Der Spion wird getötet, weil er Informationen weitergegeben hat; derjenige, der darüber gesprochen hat, wird getötet, um ihn vom Sprechen abzuhalten.

MEISTER SUN

Wann immer du einen Gegner angreifen, eine Stadt belagern oder einen Menschen töten willst, mußt du zuerst die Identität ihrer verantwortlichen Generäle, ihrer Vertrauensleute, ihrer Besucher, ihrer Torhüter und ihrer Kammermeister kennen. Laß es deine Spione herausfinden.

Du Mu

Wann immer du angreifen und kämpfen willst, mußt du zuerst über die Begabungen der Menschen Bescheid wissen, die für den Feind arbeiten, damit du dich ihnen gegenüber ihren Fähigkeiten entsprechend verhalten kannst.

MEISTER SUN

Du mußt die feindlichen Spione ausfindig machen, die dich überwacht haben, du mußt sie bestechen und sie dazu bewegen, bei dir zu bleiben. So kannst du sie als Gegenspione einsetzen. Durch Nachrichten, die du so erhalten hast, kannst du ortsansässige Spione und innere Spione anwerben. Durch Nachrichten, die du so erhalten hast, kannst du die falschen Informationen, die du dem toten Spion gibst, dem Feind zukommen lassen. Durch Nachrichten, die du so erhalten hast, kannst du den lebendigen Spion seine Arbeit wie geplant verrichten lassen.

Zhang Yu

Dank der Arbeit der Gegenspione machst du gierige Ortsansässige und bestechliche Offiziere ausfindig und kannst sie dazu verleiten, für dich zu arbeiten. Dank der Arbeit der Gegenspione gelingt es dir herauszufinden, wie du den Feind täuschen kannst; und dann kannst du tote Spione aussenden, um den Feind falsch zu informieren. Dank der Arbeit der Gegenspione kannst du die Verhältnisse des Gegners auskundschaften, so daß lebendige Spione wie geplant ausziehen und wiederkehren können.

MEISTER SUN

Es ist wesentlich für einen Führer, um diese fünf Arten der Spionage zu wissen, und dieses Wissen hängt von den Gegenspionen ab, daher müssen Gegenspione gut behandelt werden.

DU MU

Dadurch daß du mit Hilfe der Tätigkeit der Gegenspione die Verhältnisse beim Gegner auskundschaftest, können alle anderen Arten von Spionage zum Einsatz kommen. Deshalb sind Gegenspione, Überläufer oder Doppelagenten von besonderer Bedeutung und müssen gut behandelt werden.

MEISTER SUN

Daher kann sich nur ein hervorragender Herrscher oder ein weiser General, der die Intelligentesten als Spione einsetzt, eines großen Erfolges sicher sein. Dies ist wesentlich für militärische Operationen, und darauf verläßt sich die Armee bei all ihren Bewegungen.

DU MU

Es reicht nicht aus, daß eine Armee handelt, ohne die Verhältnisse beim Gegner zu kennen. Und ohne Spionage ist es unmöglich, die Verhältnisse beim Gegner zu kennen.

Verlag Hermann Bauer · Freiburg im Breisgau

Susan Ichi Su Moon

Ohne Höhe, ohne Tiefe

Die Lee(h)rformeln des Zen-Meisters Tofu Roshi

167 Seiten mit 12 s/w-Abbildungen; kart. ISBN 3-7626-0377-4

Tofu Roshi, der geheimnisumwitterte Zen-Meister aus dem Zen-Zentrum »Ohne Wege«, ist für seine Ratgeberkolumne berühmt, in der er auf spirituelle Problemfragen von ganz gewöhnlichen Menschen antwortet. Da befaßt er sich mit Hilferufen wie: »Ich kann meinen Hund nicht dazu bringen, auf einem Meditationskissen zu sitzen! Kann ich dem Hund das Kissen einfach vierzig Minuten pro Tag umbinden?« Neben diesem umfangreichen Briefwechsel mit Ratsuchenden behandelt dieses Buch die Geschichte Roshis aus der Sicht seiner langjährigen Schülerin und Sekretärin Susan Ichi Su Moon. Die Autorin schreibt freimütig über die Meister-Schülerin-Beziehung, die zwischen den beiden erblüht ist. Dabei verschweigt sie auch den unvermeidlichen Skandal nicht, zu dem es kam, als engstirnige Bürger ein völlig unschuldiges Glatzen-Rasier-Ritual ganz und gar falsch interpretierten.

Das Buch wendet sich nicht nur an spirituell engagierte Leser jeglicher Glaubensrichtung, sondern auch an alle, die sich jemals gesorgt haben, wenn ein Freund in einem Ashram verschwunden war oder jemand seine Katze auf vegetarische Diät gesetzt hat. Tofu Roshis Weisheit ist einzigartig, denn obschon viele Meister sich damit brüsten, nichts zu wissen, ist es einzig Tofu Roshi gelungen, die totale Ignoranz zu erlangen.

Verlag Hermann Bauer · Freiburg im Breisgau

Edition Pax im Verlag Hermann Bauer

Rickie Moore

Macht den Kreis größer

Wir brauchen einander

157 Seiten mit 10 Zeichnungen; kart. ISBN 3-7626-5713-0

Dieses Buch geht davon aus, daß wir gemeinsam stärker sind. Im Modell der sieben Bewußtseinsebenen, die mit den Chakras verbunden sind, schildert es spannend die Geschichten von sieben Menschen unterschiedlicher Herkunft auf ihrem Weg zur Selbstverwirklichung. Mit Hilfe der positiven Kraft der Gruppe brechen diese Menschen aus den Begrenzungen ihrer jeweiligen Lebenswirklichkeit aus und werden zum Vorbild für andere, zu wahrhaften Führungspersönlichkeiten im spirituellen Sinne des Wortes. Rickie Moore gibt dem Leser und der Leserin zugleich praktische Übungen an die Hand, mit denen jede(r) im persönlichen Alltag – sei es in der Familie oder in der Gemeinschaft mit Freunden – die Macht der Liebe erleben kann, die alles verwandelt. Obwohl das Buch so mitreißend wie ein Unterhaltungsroman geschrieben ist, vermittelt es gleichzeitig praktische Hilfen, um das Drehbuch des eigenen Lebens gründlich umzuschreiben. Wir sind nicht allein – und wir brauchen einander, wenn wir überleben wollen. Als Stämme haben wir diesen Planeten besiedelt, als Weltfamilie müssen wir uns zusammenfinden. Das ist die Botschaft der Autorin, die hier die wichtigsten Methoden aus ihrer praktischen Arbeit mit Gruppen verrät und mahnt: Macht den Kreis größer!

Verlag Hermann Bauer · Freiburg im Breisgau

Edition Pax im Verlag Hermann Bauer

Nathaniel Altman

Gewaltlos leben – kampflos siegen

215 Seiten; kart. ISBN 3-7626-5716-5

Dieses Buch bringt erstmals die wichtigsten Aspekte gewaltlosen Denkens und Handelns in eine Zusammenschau, die dem mit diesem östlichen Ansatz nicht vertrauten westlichen Leser praktischen Zugang zu einer neuen Lebensform vermittelt. Nathaniel Altman bewegt sich in der durch Mahatma Gandhi berühmt gewordenen Philosophie des Ahimsa auf sicherem Boden und hat diesen für uns sonst schwer verständlichen Ansatz auf alle Lebensbereiche der westlichen Zivilisation übertragen.

Der Autor zeigt praktisch, wie Gewaltlosigkeit in Beziehungen gelebt werden kann; in der Arbeitswelt Veränderungen bewirken kann; im Umgang mit der Umwelt ökologische Konsequenzen hat; im Umgang mit Tieren die natürliche Lebensgemeinschaft wieder herstellen kann, die uns einst selbstverständlich war; in der Politik das ewige Räuber- und Gendarmspiel zwischen Nationen und sozialen Gruppierungen in ein sinnvolles Miteinander verwandeln kann und anderes mehr. Altman vermeidet dabei geschickt, in die Rolle des Moralpredigers zu fallen. Er verlangt weder vom einzelnen noch von der Welt, daß sein Programm in aller Konsequenz umgesetzt werden müsse. Aber gleichgültig, um welchen Bereich des Lebens es sich handelt: Wer auch nur einen kleinen Schritt auf den hier lebenspraktisch nachvollziehbaren Wegen geht, verändert die Welt zum Besseren.

Verlag Hermann Bauer · Freiburg im Breisgau